滋贺县琵琶湖

京都金阁寺

奈良县平等院

大阪城堡

冈山县濑户大桥

鸟取县沙丘

岛根县石见银山遗址

山口县锦带桥

细说日本

〔日〕岩中祥史 著

刘晨 译

当代世界出版社
THE CONTEMPORARY WORLD PRESS

图书在版编目（CIP）数据

细说日本.西/（日）岩中祥史著；刘晨译.-- 北京：当代世界出版社，2017.10
ISBN 978-7-5090-1273-4

Ⅰ.①细… Ⅱ.①岩… ②刘… Ⅲ.①日本—概况 Ⅳ.① K931.3

中国版本图书馆 CIP 数据核字 (2017) 第 230655 号

书　名：细说日本·西
出版发行：当代世界出版社
地　址：北京市复兴路 4 号（100860）
网　址：http：//www.worldpress.org.cn
编务电话：（010）83908456
发行电话：（010）83908409
　　　　　（010）83908455
　　　　　（010）83908377
　　　　　（010）83908423（邮购）
　　　　　（010）83908410（传真）
经　销：全国新华书店
印　刷：北京华联印刷有限公司
开　本：710 毫米 ×1000 毫米 1/16
印　张：19.25
字　数：245 千字
版　次：2018 年 1 月第 1 版
印　次：2018 年 1 月第 1 次
书　号：978-7-5090-1273-4
定　价：45.00 元

如发现印装质量问题，请与承印厂联系调换。
版权所有，翻印必究，未经许可，不得转载！

目录

一 · 滋贺县　001

二 · 京都府　025

三 · 奈良县　057

四 · 和歌山县　079

五 · 大阪府　103

六 · 兵库县　137

七 · 冈山县　163

八 · 鸟取县　189

九 · 广岛县　213

十 · 岛根县　247

十一 · 山口县　271

作者序

从东京出发，经富士山所在的静冈县、名古屋所在的爱知县、世界遗产众多的古都京都府、日本曾经的经济中心大阪府、日本最早的国际城市神户所在的兵库县，到达拥有两个世界遗产的广岛县，这是一条广受外国游客推崇的"黄金路线"。大部分中国游客到日本来也会沿着这条路线进行游览。

本书中讲到的各府县，都位于这条"黄金路线"上。从地域上讲，这些府县属于西日本地区。在这条线路上欣赏到的日本，会与东日本地区截然不同，主要是这些府县都具有悠久的历史传统。

谈到历史，虽然无法与中国相比，但在日本国内，西日本地区的历史源远流长，远超其他地区。虽然现在日本的政治、经济中心已经转移到了围绕东京的首都圈，但是在过去相当长时间里，京都府、大阪府、奈良县、兵库县以及和歌山县部分地区，却是日本的政治经济发展的核心地区。当地人坚信，正是这里波澜壮阔的历史促成了当代日本人精神、性格的形成。

日本人最早接触的外国就是中国。至今，在西日本各地中国的印记随处可见。中国人相信来西日本旅游，心里会感到放松，不会感那么辛苦，有一种不可言喻的亲近感。

但是，也不能简单而论。这一地区的日本人，并不仅仅满足于模仿中国。为适应日本社会的变革，在保留中国风格的前提下，在很大程度上做了适度改良。因此，很多地方表面上看中国风格明显，实质上却差异很大。

本书兼顾以上这些表象和实质，讲述了11个府县的情况：从人口规模、经济规模看，居于领先地位的是京都府、大阪府、奈良县、兵库县四个府县。其中，奈良县与众不同，至今还保留有古风遗韵；濑户内海沿岸的广岛、冈山两县，因其地理环境影响，当地人的性格也相对独特；位于日本海沿岸的山口县，曾为日本的近代化做出过重大贡献；距离中国较近的岛根、鸟取两县，也拥有其各不相同的历史底蕴。

总之一句话，西日本地区的各府县差异巨大。在与当地人交往过程中，一定要注意采取不同的方式，否则会自讨苦吃。

一

滋贺县

滋贺县人掌握信息的能力天下第一。

简　介

"滋"是"培养、增加"的意思，"贺"是"高兴"的意思，"滋贺"意思是一个令人充满希望的地方，而事实也确实如此。

近年来，滋贺县的人口增长率一直居全国第五位左右，抚养孩子的家庭比例、儿童数量（每100人中）在全国都名列前茅。

该地域古时称近江，因境内有日本最大的淡水湖琵琶湖而得名。江户时代（1603年—1867年），近江商人的足迹遍及全国各地，闻名全国。因近江境内有东海道、中山道、北陆道，交通便利，又临近京都这样的大消费市场，由此诞生了著名的近江商人。近江人有三会，即会卖、会买、会交际。

自源平之战（指日本平安时代末期，1180年至1185年的六年间，源氏和平氏两大武士家族集团为争夺权力进行的一系列战争的总称。——编译注）以来，近江地区频繁成为军事战争的舞台，承载了很多战争的磨难。受此影响，近江人的性格发生了很大变化。

滋贺县人意志坚定，目光长远，想法质朴。他们认为钱是辛辛苦苦流汗赚来的、一点一点积攒起来的，一定要珍惜。日本生命保险、西武集团、华歌尔西川产业、伊藤忠商事、丸红、yanmar（洋马）、东洋纺等大企业的创业者，都是滋贺县人。

滋贺县的与众不同：

①宁可沿湖畔绕行，也不能坐船横穿琵琶湖去京都。这就是谚语"宁可绕远百步，不可冒险一步"的由来。

②居酒屋的数量（人均）居全国第46位。

③伊吹山的积雪厚度打破了日本的历史记录，曾达到1,182厘米。

滋贺县的地理概况和气候条件

滋贺县位于近畿地区的东北部，面积 4,017.38 平方千米，居全国第 10 位，四周被比良山地、野坂山地、伊吹山地、铃鹿山脉、丹波高地等包围，山林地占了一半左右。县内最高峰是伊吹山（海拔 1,377 米），与岐阜县交界。

滋贺县中部是近江盆地，还有一座琵琶湖。琵琶湖水面占了县总面积的六分之一，它是滋贺县的地标，也是周边府县共计 1400 万人的饮用水和工农业生产用水水源，还是重要的旅游景点。滋贺县虽是一个内陆县，但是琵琶湖沿岸有 20 多个渔港，主要捕捞鲇鱼（香鱼）、琵琶鳟鱼、濑田蚬贝等淡水鱼类和贝类。

在 12 世纪到 19 世纪的漫长时期里，水产贸易很繁盛。作为当时的日本海若狭湾（福井县、京都府）和上方（京都、大阪）之间的中转站，大津和坚田等港口非常繁荣。

境内不同地区的气候差异很大，全县基本属于内陆型气候，北部属日本海气候，南部受太平洋气候和濑户内海式气候共同影响。

因为琵琶湖的存在,近江盆地的夏季炎热程度和冬季的寒冷程度相差不大,与其他盆地相比比较温和。

与京都府、福井县交界的琵琶湖西侧和北侧,冬季易降暴雪。特别是旧余吴町(今长浜市),是近畿地区西部唯一的,也是日本最南端的强降雪地带。

琵琶湖西侧是比良山地(最高峰武奈岳海拔1,214米),以近江八景之一"比良暮雪"而闻名,来此登山和滑雪的人众多。

琵琶湖东侧山下,常受西北风影响,称之为"比良下山风"。每年3月下旬,刮来的风被称为"比良八讲荒仕舞",意味着春天的到来。

樱花笼罩的琵琶湖

滋贺县的相关数据：

面积：4,017.38 平方千米

总人口：1,414,888 人（截至 2016 年 6 月 1 日）

人口密度：352 人/平方千米

相邻的都道府县：福井县、岐阜县、三重县、京都府

滋贺县人的性格特点

依山傍湖，得天独厚

对于关西地区以外的人来说，滋贺县好像很低调，几乎没什么太多印象。虽然大多数人都知道琵琶湖，但对滋贺县不太了解。

琵琶湖和旧近江国，都曾在《万叶集》（日本最早的诗歌总集，相当于中国的《诗经》，收录了自4世纪至8世纪中叶的长短和歌。——编译注）中有记载，在关西地区闻名已久。

滋贺县位于日本千年古都京都府东边，即使中间有险峻的比良山脉（比睿山是其中的一座）阻隔，仍然无法阻断两地间人员的密切往来。

古代的日本，除现在的北海道和冲绳县，全国被划分为"五畿七道"（古代日本全境在律令制下的行政区域划分。'五畿'为帝都所在地，'七道'指京畿之外的日本全土，效仿中国唐朝制度，以'道'称之，分别为东海道、东山道、北陆道、山阳道、山阴道、南海道、西海道。——编译注)。

"五畿"指山城、大和、河内、和泉、摄津等五个令制国，按照现在的行政区划，应该包括大阪府全境、奈良县全境、京都府京都市周边、兵库县神户市周边地区，在当时属于国都附近地区。

滋贺县不在"五畿"范围内，但紧邻"五畿"，所以很早就已经发展起来了。天智天皇时期（668年—672年），建造了大津京，曾经以此地为都城。现大津市为滋贺县县厅所在地，因为有此历史渊源，滋贺县地区比"五畿"之内的河内和和泉还要讲究礼节。

由此看来，滋贺与京都的关系，似乎同东京与埼玉县、千叶县之间的关系类似，但事实并非如此。滋贺县人对京都县的日常生活问题比较感兴趣，而京都人对滋贺县的精神需求比较旺盛。

滋贺县在学问和艺术方面的成就很高，历史发展较早，境内的比睿山是天台宗总本山，山上的延历寺就是京都上流贵族们信奉的天台宗的祖师最澄法师创立的。如此看来，京都人从滋贺县得到的东西要更加贵重。

人的性格形成受地形和自然环境影响很大，特别是大海的影响最大。滋贺县是西日本地区唯一一个不临海的县，但因为这里有日本面积第一大淡水湖琵琶湖，所以滋贺人并不像其他地方（如山梨县、长野县、岐阜县）那样保守和闭塞。

沿湖一周大约235公里，相当于从大津市到滨松市（位于静冈县）的距离。从京都出发，翻过逢坂山山口，人们看到琵琶湖的时候，会错以为看到了大海。

很久以前，我与一位美国人一起去滋贺县出差。我们首先从东京站乘坐新干线到达京都站，然后换乘普通电车，大约10分钟后，那位美国人兴奋地说道："京都还有海？我怎么不知道！"

我惊诧之余赶紧解释，这里是滋贺县不是京都府，眼前是湖不是海。

滋贺县东南部自古以来遍布着交通要道。凭此优势，在近江国可以迅速得到大量的第一手信息，而且内容准确。除此之外，琵琶湖的水运发达，古越前国、若狭国（都在今福井县）所生产的日本海特产，都会经由琵琶湖运往京都。这是近江国两条最重要的生命线。

滋贺县县府所在地大津市，是"大港口"的意思。战国时代的大名织田信长在附近安土筑城，就是为了这个港口。

近江的千两秤

能够掌握最新信息并得以充分利用，对于商业发展很重要。近江经商的人利用这一优势，人数逐渐增多，逐渐形成近江商人（又称江州商人）这一群体。

在琵琶湖东侧，即今近江八幡市、东近江市、彦根市、蒲生郡、爱知郡周边，就产生了越来越多的商人。初期，他们的活动范围只限于周边藩国。从江户时代起，人数越来越多，足迹遍及全国。

特别是去往东北地区的近江商人尤为众多。背靠京都、大阪这样规模巨大的手工业产品生产基地，近江商人手提杆秤，将蚊帐、榻榻米席草、麻布、念珠、灯芯、蜡烛、扇子、旧衣服等日用品带去东北售卖，然后从东北地区采购红花、苎麻再运回京都。

当地俗语"近江的千两秤"，说的就是近江人顽强努力的商业精神，凭一杆秤获取巨大财富，即使取得了巨大成功，也不忘初心，继续努力。

另外，近江商人非常有预见性。首先是最新资料的掌握，最重要的是近江商人善于收集和运用情报，在这方面的才能可以说无出其右。他们及时了解供需情况、地域之间的价格差，迅速做出反应，积极采取对策，积累财富。

除积聚庞大的财富之外，近江商人积极地在新的领域进行投资。因此，很多人在江户、京都、大阪等地拥有了自己的店铺。

甚至有些近江商人就在经商地定居，其中一部分人还为东北地区各藩国重用，还有一些人在虾夷地（今北海道及周边）从事渔业经营和海产品流通。

正因为近江商人有着滋贺人勤勉诚实、直来直去、适可而止的性格和态度，才能够取得如此巨大的成就。

信仰虔诚的滋贺人

根据 NHK 全国县民意识调查，滋贺县中认为"应该尊重原有的老规矩"的人在全国最少，这和接触信息多不无关系。

当地还有一句话："琵琶湖的香鱼在外边长得更大。"据说在琵琶湖里只能长到 10 厘米左右的香鱼，一旦放养到其他河湖，体长能长到一倍以上。以此比喻滋贺县人离开故乡才能取得成功，留在家里反倒没什么发展。

另一方面，滋贺人对宗教信仰非常虔诚。NHK 全国县民意识调查中，认为"内心期待与神或佛更加亲近"的人数众多，居全国第二，没有宗教信仰的人口比例远远低于全国平均水平。大约是因为镰仓新佛教各派别的始祖都有在延历寺学习的经历，而且经商的人更期望受到神佛的保佑。滋贺县到福井县这一地区，自古以来信奉净土宗和净土真宗的人很多，这个传统一直保持至今。

令人意外的是，本应更加笃信宗教信仰的京都府人中没有信仰的人反而更多。看来有没有信仰，不能只看神社、佛寺的数量。

近江商人由来已久的双赢战略

京都以北，福井县到石川县的日本海沿岸地区，是闻名的纺织品产地。纺织工业曾是这一带的支柱产业。因此，最尖端的纺织生产技术和最新的市场信息在此汇集。

当地依托这些有利条件，生产出了更高质量的产品。近江商人根据掌握的信息预测供求关系，分析地域间的价格差，贩卖货物。生产和物流各司其职，双方都取得了巨大成功。

对信息高超的分析能力是近江商人的撒手锏。这种能力在滋贺县人中代代相传,仿佛融入了他们的DNA。

在江户时代前期,近江商人不但拓展了北海道到九州的市场,还延伸到越南和泰国。到江户时代中期,他们组成了类似现在的行业协会一样的组织,引入了和现代企业管理类似的管理方法。现在通行的复式记账法,就是近江商人总结出来的。

据说,现在的商业行为已经发展为双赢战略,这并不是从美国人那里学来的,而是近江商人在古代就总结出来的策略。

活跃在江户时代后期的五个庄(今东近江市)商人中村治兵卫留下的家训中,就有这样的记载:"不要以为做生意的都是我们这一地区的人,要珍视其他地区的人,勿贪私利。"不仅要保证买方和卖方的利益,会买,会卖,还要会交际。这种"三会"思想,在当今世界也是行得通的。

总之,滋贺县人在敏感地捕捉最新信息、扩大视野的同时,能以不同的视角审视问题,既顾及眼前,又有超强的预见性。

滋贺县的重要数据和知名人士

滋贺县在日本名列第一的几个领域

领域	数值
GDP中第二产业的比例（2015年）	41.0%
年平均出游人口（10岁以上）比例（2015年）	79.0%
自然公园面积比例（2015年）	37.3%
FTTH（光纤）的普及率（2015年）	62.6%
笔记本电脑普及率（2015年）	73.3%
洗碗机普及率（2015年）	46.6%
书桌、写字台普及率（2015年）	67.5%
智能马桶的普及率（2015年）	88.1%

注：数据来源于《从各都道府县的统计及排名看县民性》，后同。

滋贺县出身的名人

政界：

宇野宗佑（守山市）

川端达夫（近江八幡市）

武村正义（东近江市）

细野豪志（近江八幡市）

商界：

伊藤忠兵卫（第一任）（丰乡町），伊藤忠商事、丸红创始人

河本嘉久藏（高岛市），绫羽集团创始人

堤康次郎（爱庄町），西武集团的创始人

西川甚五郎（第11代）（近江八幡市），西川产业创业人

夏原平次郎（彦根市），和平堂创始人

南新助（彦根市），日本旅行公司创始人

饭田新七（高岛市），百货店高岛屋、高岛饭田创始人

小杉五郎右卫门（第11代）（东近江市），小杉公司创始人

文化界：

花登筐（大津市），作家、编剧

姬野嘉兵卫（甲贺市），作家

尾木直树（米原市），教育评论家

种村直树（大津市），铁路旅行作家

田原总一朗（彦根市），记者

井田辰彦（大津市），漫画家

井上纪良（高岛市），漫画家

花津花代（彦根市），漫画家

森雅纪（栗东市），漫画家

出目昌伸（东近江市），电影导演

岸诚二（高岛市），动画导演

西井正典（近江八幡市），动画制作人

演艺界：

冈林信康（近江八幡市），音乐创作人、歌手

山崎将义（草津市），歌手

西川贵教（野洲市），T.M.Revolution 乐队的主唱

乌丸节子（大津市），演员

松居一代（近江八幡市）演员

体育界：

太田雄贵（大津市），击剑选手

井原正巳（甲贺市），原福冈黄蜂足球队主教练

大谷未央（甲贺市），原日本女子足球队队员

石川骏（草津市），中日龙职业棒球队球员

植田海（甲贺市），阪神虎职业棒球队球员

小熊凌祐（大津市），中日龙职业棒球队球员

则本昂大（多贺町），东北乐天金鹰职业棒球队球员

松田宣浩（草津市），福冈软银鹰职业棒球队球员

滋贺县特有的风味美食

向德川将军进贡的鲫鱼寿司

鲫鱼寿司虽然也叫作寿司,但与用生鱼片做的普通寿司不同,是一种发酵食品,称为熟寿司。

其做法是:将从琵琶湖捕捞的鲫鱼去除鱼鳃和鱼鳞、内脏,用米和盐腌制。大米自然发酵后,可以长期保存,同时鲫鱼的蛋白质分解出味道鲜美的氨基酸,但是不习惯的人会觉得有发酵的臭味。

据说江户时代曾向德川将军进贡这道食物。

有一种说法:鲫鱼寿司是现代寿司的起源,大致发展过程是从熟寿司到押寿司,然后是散寿司,最后发展到握寿司。

厚重美味:蚬贝料理

濑田川以琵琶湖为源头,在那里可以捕捞到濑田蚬贝,比关东产的真蚬贝味道更好,更厚重。

蚬贝的脂肪少，富含糖原，民间一度认为蚬贝可以用来治疗肝病。夏季时吃蚬贝可以填补暑热造成的身体损耗，冬季品尝味道最佳。

濑田蚬贝的肉粒小而饱满，可以做汤或拌饭，是上乘美味。

冬季记忆的美味鸭锅

伴随着冬季的到来，从西伯利亚迁徙而来的野鸭也到了琵琶湖。鸭锅，是琵琶湖沿岸人们冬季记忆里的一道美味。

鸭锅制作简单，把鸭肉与豆腐、葱等蔬菜一起炖煮即可。在寒冷季节，鸭肉味道肥美，口感上乘，让人倍感温暖。最早是因为野鸭撞上为捕鱼设置的挂网才食用的，一般在卖鲜鱼的店铺里会有售卖。

现在，琵琶湖湖面已经禁止捕猎野鸭。在沿河地区，每年11月15日至2月15日还可以抓捕。因此，鸭锅是一道时令美食。

中国游客不可错过的滋贺县景点

玄宫园

玄宫园正对着彦根城北侧的内护城河，其名称来自于唐玄宗的离宫。

作为具有悠久历史的大名庭园，营造时间和命名时间都不清楚。据传，最早是在江户时代初期，1677年由彦根藩的第四代藩主井伊直兴兴建的庭园。

江户时代后期，1813年，将其改建为第11代藩主井伊直中的隐居住所，现在的样子与当时改造后的样子很接近。

园内模仿中国的潇湘八景及近江八景建造，还兴建了临水的临池阁和凤翔台等建筑。

阳明园

日本阳明学的鼻祖中江藤树的出生地高岛市，自1986年起与王阳明的出生地浙江省余姚市保持着友好交流。

虽然两市并没有签订友好城市协议，但是作为友好关系的见证共同修建了阳明园，于1992年落成。

其设计参考了上海的豫园，苏州的拙政园、留园，杭州西湖的小瀛洲等具有代表性的中国园林建筑。阳明门匾额上的三个字，由余姚市文联名誉主席胡丁题写。据说使用的建筑材料大多是从中国进口的。

观峰馆

观峰馆内陈列着日本近代书法创始人原田观峰收集的近代中国的书画及文房用品，以及关于中国书法文化的相关资料。还有清朝晚期约两万件书画资料，以及日本的教科书，西方的家具、日用品等。参观者可以在此了解世界各地的生活和文化。

与中国各省市结成友好城市的行政自治体

滋贺县——湖南省

两地的交往不能不提到这两个大湖：滋贺县的琵琶湖和湖南省的洞庭湖。

1981年，当时的县知事武村正义访华时，与中日友好协会会长及副会长会谈后，访问了湖南省。与当时的湖南省省长会谈时，双方就着手建立友好合作关系、互派考察团等方面交换了意见。1983年3月，双方在大津市签订了友好城市关系协议。

大津市——牡丹江市（黑龙江省）

牡丹江市号称"水都"，是以河流湖泊闻名的旅游城市，而且该市的镜泊湖的形状与大津市的琵琶湖很相似。双方多次组织考察团互访。1984年12月，牡丹江市市长到访大津市，双方签订了友好关系协议。

彦根市——湘潭市（湖南省）

1986 年，彦根市组团赴湘潭市考察，开启了友好交流的大门。1987 年，湘潭市参加了在彦根市举办的"世界古城博览会"。1988 年，彦根城博物馆参加了湖南省举办"滋贺县生活文化展"，双方的文化交流不断。

之后，双方定期互派友好访问团。1991 年 7 月，举行了友好城市合作协议签字仪式。

草津市——上海市徐汇区

1989 年，草津市教师海外派遣调查团访问了徐汇区，就此两地开始了友好交流活动。特别是，草津市决定建设以莲花为主的水生植物园即水上森林之后，在莲花的调查研究等领域双方开展了深入交流。1991 年 5 月，双方签订了友好交流协议。

栗东市——衡阳市（湖南省）

1983 年，滋贺县与湖南省签订友好城市关系协议后，栗东町（今栗东市）决定在湖南省内寻找建立友好关系的地区。同年，栗东市访问了湖南省，与衡阳市建立了联系。之后，双方多次互相访问，建立友好关系的时机日渐成熟。

1992 年，在中日邦交正常化二十周年之际，双方决定确立友好城市关系。同年 10 月，举行了签字仪式。

东近江市——常德市（湖南省）

与湖南省建立友好关系之后，滋贺县于1991年向东近江市推荐了常德市。由此，东近江市开始探讨友好合作问题。1992年，东近江市派出友好亲善使节团，加深了与常德市的相互了解。

1993年7月之后，双方不断互访并明确了推进建立友好城市关系的意愿。1994年8月，双方举办了友好城市协议签字仪式。

二 京都府

作为曾经的首都人的骄傲,一直延续到 21 世纪。

简　介

从全日本来看，东京的人口最多，但是京都的学生人数超过了东京。京都人认为，包括学生在内的年轻人，不论现在处于什么状况，未来存在着无限可能。在德川幕府末期到明治时期，很多京都人或明或暗地支持了那些参与维新的有志之士，就是源于对年轻一代的期待。

京都作为日本的首都，时间长达1100多年。这段历史赋予了京都人高贵、典雅但不高高在上的无上品质，还养成了富于好奇心和冒险精神、喜好新生事物的性格特征。

在京都，有京瓷、村田制作所，罗姆、岛津制作所，堀场制作所，大日本网屏制造，有信精机，欧姆龙，石田，任天堂，华歌尔，吉忠等众多日本甚至世界一流的企业。仅仅依靠古老传统，恐怕京都人是无法达到这种规模的。

没有偏见和先入为主的观念，对好产品有敏锐的洞察力，不被表面现象迷惑，不轻易迎合权贵，都是京都人的特点。对自己的判断充满自信，而低调从事，才是首都人的风范。

京都府的与众不同：

①日本最早出现有轨电车、公共汽车的城市。

②在政令指定城市中，"高温天"的天数全国最多。

③日本最初举办长距离竞技接力赛的出发点，是京都府三条大桥。

京都府的地理概况和气候条件

京都府从西北到东南距离大约140千米，呈狭长形状。从地图上看，如果以西北方向为头，形状好像一条双髻鲛（一种鲨鱼）；以东南方向为头，又好像一架俯冲的喷气式战斗机。

京都府所在地区由旧山城国全境、丹波国的东部、丹后国的全境构成，北部濒临日本海，南部是京都盆地。不同地区的气候和水土差异很大。

北部地区包括丹后半岛与舞鹤湾、若狭湾，境内最高峰西床尾山（843米）所在的丹后山地以及福知山盆地也位于这一地区。

现在的福知山市、舞鹤市、宫津市周边地区过去称为北近畿（山阴道），与旧淡马国（今兵库县）、旧若狭国（今福井县）联系密切。

南部为京都盆地，都在海拔1000米以下，是丘陵地形。在古代被称为畿内，与大津及现在的大阪、神户、奈良县北部地区交流较多。

京都府的中部包括龟冈盆地和隔丹波高地（最高峰皆子山海拔971米），以高地为界，与兵库县、大阪府、滋贺县、福井县相邻。京都府面积的75%以上都是山地和丘陵。

京都府内有两大水系：一个是淀川水系，由桂川、宇治川、木津川、鸭川、高野川等构成，进入大阪后称为淀川，注入大阪湾，京都市内首屈一指的观光名胜渡月桥就架在桂川之上；还有一个是由良川水系，土师川、牡川等支流汇入由良川，最终注入若狭湾。

京都府的北部属日本海式气候，冬季严寒，有降雪。舞鹤、绫部及丹后等地带着海洋性气候的特点，易受强季风影响，日温差大。

南部属濑户内海式气候，兼有内陆型气候特征。特别是位于盆地之中的京都市，夏季酷热，冬季虽寒冷但少有降雪。

京都鸭川

京都府的相关数据：

面积：4,612.19 平方千米

总人口：2,607,108人（截至2016年2月1日）

人口密度：65人/平方千米

相邻的都道府县：福井县、三重县、滋贺县、大阪府、兵库县、奈良县

京都府人的性格特点

曾经的"首都人"依然骄傲

说到京都人的性格特征,总会听到一些轶事。当京都人热情地招呼你:"在这儿吃点饭吧?"如果你顺势答应了,不管你的态度有多客气,京都人都会流露出不悦的表情。其实他根本没有留你吃饭的意思,只是客套一下而已。

京都人说话的语调听起来高贵柔和,让听者会感觉到有一种贵族范儿。如果被这种表面现象所迷惑,便是自讨没趣了。

京都人确实有贵族的后裔,还有一些是当时为贵族提供服务的人的后代。这只不过是一小部分人而已。所以请吃饭的故事乍看符合京都的风格,事实并非如此,杜撰而已。

在关于京都的传说中,更符合当地情况的是:对于一般日本人来说,"战后"意味着太平洋战争结束后,但是对于京都人来说,代表应仁之乱结束之后。应仁之乱结束是在1477年,京都的"战后"已经长达500年了。

应仁之乱的主战场就在京都，经历了10多年的战乱，从前城市繁华的影子几乎都彻底消失了。

应仁之乱后，经过重建，才有了今天我们看到的京都街道。之后，京都就没有发生大规模的战事了。所以，相国寺、南禅寺、青莲苑等在战火中焚毁的神社和佛寺都是在应仁之乱之后重建的，保存至今。

在京都，很多家庭代代延续，历经几十代人一直居住在老宅里。与"居住三代以上才是江户人"的东京不同，在京都住了三代并不稀奇，已经延续了几十代的情况有的是。由此，京都与东京的为人秉性有很大不同。

京都市有近150万人口，既非经济城市也不是工业城市，在关西圈内也不是什么中心城市，只能算一个文化研究中心。京都府每10万人拥有的大学数量是日本最多的，从全国来看，除此以外也就没有什么特别突出的地方了。

京都曾经作为日本的首都长达1000多年，京都人有不输给其他城市的自尊心。居住在曾经的日本中心，可以俯视一切，这已经是京都人的习惯了。即便不是贵族，甚至和贵族根本就不沾边，但最起码是曾经的"首都人"，其他县的人们也就不太愿意与其争什么了。

虽然京都已经不再是政治中心，但曾经作为首都这样的事实深刻影响了京都人性格，"首都人"的骄傲情绪至今弥漫在京都人心底。

与众不同的京都人

京都人对本地的事务无论大小都很喜欢。

在 NHK 全国县民意识调查中,认为"京都人看问题的方法与其他地区不同"的人数居全国第十位。京都人大约是认为与众不同是理所当然的。

京都人对京都方言喜爱有加,希望能一直传承下去。大概当地人从没考虑过京都话是一种方言吧。

京都人的精髓所在,就是有事不直说,喜爱拐弯抹角绕着说。有些人不明白这点,还以为是京都人理解问题能力低。

京都人的荣誉感和自尊心远超其他地方。大约只有长野县可以与之相提并论,但是两地的水平和内涵差距很大。

不论外地人与京都人一起讨论何种理论问题,都无法使京都人心悦诚服。即使你的态度很认真,京都人都会以"居然还有这样的想法……"一副满不在乎的样子反驳,立马让你败下阵来。

从京都人的角度看,心底里并不认同现在的首都东京,觉得东京算不上一个真正意义的都城。这与"后来者"东京人的认识真是截然不同。

京都人的荣誉感可以理解,毕竟曾经作为首都的历史跨度如此之长,而且变更都城不过是 100 多年前的事情。

奈良县和滋贺县都曾经做过首都,从奈良县人和滋贺县人身上,则完全感觉不到如此强烈的自尊心和荣誉感,主要是因为这两县作为首都的时间比较短，而且历史比较久远。时间是消磨一切的利器。自豪感随着时间消逝而慢慢消失，他们就不再以此为荣。

京都人还不能做到像奈良人那样，完全不去流露自己曾经作为首都人的骄傲情绪。

曾经听一位女士说过，穿着和服聚会的时候，立刻就能看出谁是京都人。主要是氛围不同，从和服、锦带、配饰的选择方法，到衣领、胸部衣襟的整理方法，再到衣领的拉伸方法，用语言难以说清楚。总之，与东京人的味道完全不同。

对待学生的例外态度

到过京都的游客都会认为，与东京周围高楼林立的皇居相比，京都御所更适合做天皇的住所。京都人肯定有同感。京都人不会用语言的方式去表达自己的骄傲，而是表明一种态度。

在京都，不论哪个店铺，门槛都很高。其中，不少店铺甚至立有"谢绝初次来店的客人""没有引荐不能入内"牌子。即使这样，还是有不少人趋之若鹜。这些店铺的服务对象是以贵族、出身高贵的人为服务对象为主，对待一般人的服务态度当然不一样了。京都人骨子里的那种骄傲就展现出来了——如果你不认同我的态度，就不要来，反正我就这样。

不少人去旅游后，对京都人留下了不愉快的印象，特别是东京人。他们陈述的理由基本是"打招呼不理我！""经常流露出瞧不起我的表情"。有些京都店铺确实会让人感觉很不舒服。

那些看着稍显雅致的店铺，或者历史悠久的老铺，甚至稍有特殊味道的店铺，都不太擅长接待客人，态度很傲慢。当然，在快餐店、连锁店、居酒屋、大众割烹料理店不会有这种遭遇。

京都人唯独对学生是个例外，他们认为，学生身上背负着日本的未来，国家必须尽全力保护他们。

我有一个朋友，年轻时把工作调到京都时，就曾遇到过这种事情。搬家后，去邻居家打招呼（日本习俗），邻居却只在对讲里跟他对话，对于同一个单元搬来的学生却特意开门聊了一会儿。

这也许是"首都人"的一种独特气质，他们的思想根源在于，如果身在"首都"居住，必须为国家的未来考虑。

在 NHK 全国县民意识调查中，关于政治态度的问题"关心都道府县的政治问题吗"，在 47 个都道府县中，京都县人回答"是"的比例位列全国最后一名。但是在被问到"关心国家大事吗"时持肯定态度，比例一下子上升到全国第八位。

在内心深处，京都人依然认为日本的首都仍旧在京都。然而，不管京都人认可与否，日本的首都早已变成了东京。

同一个鼻孔出气的京都人

京都人还保留着许多日本的传统美德。在这个大城市里，人与人之间关系真挚，沟通顺畅，但也有些过于谨慎、排外。

排外情绪，每个地方都或多或少存在，京都也不能例外。当地人之间的人际关系过于紧密，自然就与外地人之间竖起了一道屏障，对外地人有一种专门的称呼"外来户"。如果认为这是排外而给予批判，似乎对京都人又不太公平。

最能体现京都人高贵气质的就是京都话。在历史的不断变革中，京都人明白"盛极而衰"的道理，不着急得出结论，也不愿意弄个水落石出，这也是生存得以延续的极致秘诀。

对于其他地方的人来说，面对京都人讲话时讲究的措辞、缓慢的语调，总有种被玩弄的感觉。不少人会认为京都人"又巧妙地转移了话题"，留下不好的印象。

特别是从东京这样的日本最较真的地方来的人，肯定会认为这是在侮辱自己，简直是把自己当傻子。

如果在东京遇到这种事，当即就会跳起来反击"你装什么傻！你有什么了不起的！"但是京都人殷勤而雍容的态度，根本不给你当面发火的机会。

就在你要爆发时，自己就先气馁了，潜意识里会认为"京都人的修养还是高啊，自己修行不够啊""到底是有过1000年历史的首都，高不可攀啊"。

与亲近的人可以同一个鼻孔出气。对于外来者，就像玻璃一样冷冰冰地拒绝。这就是京都人。

截然不同的"首都人"气质

近来，人们已经可以看到完全对外开放的皇族生活。很多人感慨"原来这样啊，到底与老百姓不一样啊"，有不少人对京都人也有这种相似的想法。

其实京都人与我们没什么差别，也会发怒或焦躁不安，只是京都人的自我感觉和价值观远远超出了东京及其他都道府县人们的想象。

"三都物语"（JR策划的旅游产品）中把京都、大阪、神户三地整合在一起，京都人对此感到非常困惑。

京都是天皇、皇族、贵族这样尊贵的人们的居住地，大阪是商人大展身手的地方，神户是时尚之都，不仅氛围不同，语言不同，想法不同，而且行为方式更不同。京都人的不满在于：怎么能把我们和大阪、神户并列呢？

对游客来说，可以在一次旅行中感受如此多的文化，所以看到"三都物语"这种策划，反倒有了兴趣。

有必要解释的是，这种"首都人"的气质，只是以京都市为中心的旧山城国所在地区存在，并非整个京都府都是这样。

《新人国记》中对山城国有如下记载："无论男女，均自然地清浊分明，就像流动不止的水一样清洁。诚如世间所言'山城国如水'，犹如水一样未被染色。与其他国不同，像无论如何染色也不变的布一样，延续至今。人们姿态优美，论及女性的身姿和举手投足之美，任何国家均无法模仿。"

从京都市往西、西北方向，龟冈市、京丹波町一带属旧丹波国；从那里再往北，舞鹤市、宫津市、丹后半岛一带属于旧丹后国，这些地方与旧山城国风气截然不同。

简单说，在丹波国和丹后国地区，与日本各地的农村没什么两样。虽然距离京都近，但是并没有因此受益。

丹波地区多盆地。与其他地区交流不多，也不愿意接收外来人。

丹后地区临日本海，位于寒冷地区。虽然稍显大度，但是寡言少语。编织业盛行，在家里劳动成为主要工作，想法偏保守。

山城国的京都人，从来不去丹后、丹波地区。当然，当地人也不喜欢外来人。

难以琢磨的京都人

东京的主要电视台在黄金时间播放的电视剧里，能大大方方地使用关西方言，也就是最近20年的事。

过分的是，最近非关西人的演员也开始操着怪怪的关西口音卖力地表演，这令关西人非常不爽。

京都人也是这样，表面上说："呦，京都话说的真不错啊！"实际上完全不是那么回事。

大阪话里掺杂着不伦不类的"京都方言"，让京都人觉得简直就是侮辱人。

前面讲过的"请吃饭"的例子，凸显了京都人的表里不一，京都人人为极大损坏了他们在人们心中的形象。

关于京都人的传说，数不胜数。反过来考虑，京都人的性格就是这么难以琢磨。

这还是因为京都作首都的历史太长了。从794年设置平安京，到20年前的建市纪念活动已过去了1200年。面对时间的流逝，人人感慨万千。

2010年10月8日,奈良迎来了"平城京迁都一千三百年祭"这样一个有历史意义的日子。从那时起,奈良便失去了首都的地位。时至今日,京都也早已失去首都的地位。历史蕴含的内容比想象中的还要沉重。

京都府的重要数据和知名人士

京都府在日本名列第一的几个领域

领域	数值
年高温天气（2010年）	15.4天
空调普及率（2009年）	97.5%
恩格尔系数（2013年）	28.75%
麦当劳店铺数量（2015年）	88间
面包消费量（2014年）	62,599克
大学录取率（2013年）	63.0%
大学生人数（2011年）	139,276人
研究生人数（2011年）	17,868人
医生人数（2014年）	85,16人

京都府出身的名人

政界：

　　伊吹文明（京都市）

　　谷垣祯一（福知山市）

　　野中广务（南丹市）

　　前原诚司（京都市）

商界：

　　岛津源藏（第一任）（京都市），岛津制作所创始人

　　永田雅一（京都市），大映电影公司创始人

　　松本重太郎（京丹后市），东洋纺织、南海电铁公司创始人

文化界：

　　下村修（福知山市），生物学家，诺贝尔化学奖得主

　　圆山应举（龟冈市），画家

　　上村松园（京都市），日本画家

　　梅原龙三郎（京都市），西洋画家

　　加山又造（京都市），画家、版画家

　　榊莫山（南山城村），书法家、作家

　　北大路鲁山人（京都市），陶瓷艺术家

　　绫辻行人（京都市），作家

松井今朝子（京都市），作家

宫崎学（京都市），作家

村上春树（京都市），作家

棉矢里沙（京都市），作家

山崎洋子（宫津市），作家

山村美纱（京都市），作家

狱本野原（宇治市），作家

青木雄二（福知山市），漫画家

大岛矢须一（京都市），漫画家

尾濑明（京都市），漫画家

富永一朗（京都市），漫画家

久内道夫（京都市），漫画家

三浦纯（京都市），漫画家

石原立也（舞鹤市），动画导演

大西雅也（京都市），动画片制作人

片山一良（宇治市），动画导演

和泉圣治（京都市），电影导演

井上梅次（京都市），电影导演

林海象（京都市），电影导演

佐渡裕（京都市），指挥家

有田芳生（京都市），新闻记者

玉木正之（京都市），体育撰稿人

演艺界：

中泽裕子（福知山市），原早安少女组合成员

安田美沙子（宇治市），演员

清水圭（宇治市），演员

中岛知子（京都市），奥赛罗棋手

宫川大辅（京都市），演员

山崎静代（福知山市），"南海冰糖"搞笑组合成员

宇崎龙童（京都市），音乐家

都春美（京都市），歌手

幸田来未（京都市），歌手

加藤和彦（京都市），音乐创作人、歌手

端田宣彦（京都市），音乐创作人、歌手

杉田二郎（京都市），音乐创作人、歌手

上田正树（京都市），音乐创作人、歌手

渡边美里（精华町），音乐创作人、歌手

尾崎亚美（京都市），音乐创作人、歌手

马场弘文（京都市），音乐创作人、歌手

杉本彩（京都市），演员

三田宽子（京都市），演员

坂下千里子（京都市），演员

岸部一德（京都市），演员

北大路欣也（京都市），演员

小林薰（京都市），演员

田畑智子（京都市），演员

玉山铁二（城阳市），演员

田村高广（京都市），演员

田村正和（京都市），演员

田村亮（京都市），演员

段田安则（京都市），演员

寺岛忍（京都市），演员

中村玉绪（京都市），演员

羽野晶纪（宇治市），演员

山咲千里（京都市，）演员

体育界：

釜本邦茂（京都市），日本足球协会顾问

家长昭博（长冈京市），大宫松鼠足球队球员

角田诚（宇治市），清水脉动足球队球员

驹井善成（京都市），浦和红宝石足球队球员

松井大辅（京都市），磐田喜悦足球队球员

森冈亮太（城阳市），神户胜利船足球队球员

赤松真人（京都市），广岛东洋鲤鱼职业棒球队球员

今江敏晃（向日市），千叶罗德海洋职业棒球队球员

内海田哲也（城阳市），读卖巨人职业棒球队球员

大隣宪司（京都市），福冈软银鹰职业棒球队球员

炭谷银仁朗（京都市），埼玉西武狮职业棒球队球员

田中浩康（木津川市），东京养乐多燕子职业棒球队球员

仓义和（京都市），广岛东洋鲤鱼职业棒球队球员

吉见一起（福知山市），中日龙职业棒球队球员

野村克也（京丹後市），东北乐天金鹰职业棒球队荣誉教练

胜木来幸（京都市），橄榄球球员

北川俊澄（京都市），橄榄球球员

伊达公子（京都市），网球选手

京都府特有的风味美食

时令性鲇鱼料理

初夏的京都，最具代表性的美食就是每年 6 月 1 日解禁的鲇鱼料理。鲇鱼又称香鱼，生长于鸭川和保津川等清澈的河流，是京都的特产。

为了品尝香鱼特有的香味，京都人独特的做法是保留其内脏，搭配蓼叶，烤出香鱼独特的味道。

京都家常菜

这道美食主要使用大量优质的京野菜（指京都地区当地产的蔬菜）与腌鲅鱼、海青鱼等巧妙组合在一起，菜品色彩丰富。

在京都，家常菜原来指的是家庭料理，后来与宫中的有职料理、寺院的精进料理、茶道的怀石料理相互融合。

在江户时代中期，大概 18 世纪左右，这道美食在一般百姓家庭中普及，在漫长的日常生活中凝聚各种味道而成，流传至今。

贺茂茄子田乐烧

贺茂茄子属于一种京野菜,有"茄子女王"之称,呈圆球形,外皮黑中透紫。肉质紧实有弹性,嫩滑。大多露天栽培,收获期为 6 月至 10 月中旬,最佳食用时间还是夏季。

田乐烧(烤串)是在贺茂茄子上撒上白糖,加入日式料酒及柚子味的味噌制成。

鲅鱼寿司

京都府虽然靠海,但是若狭湾与京都市区还有 70 多公里的距离。以往物流不发达的时候,商人们只能背着从若狭湾捕捞的鲅鱼徒步运往京都。

当时还没有冷冻技术,只能先用盐腌一下。中间运输的时间要花一昼夜,鲅鱼加入适量的盐,腌制正好一昼夜后,反倒变成了味道绝妙的腌鲅鱼。

从若狭湾至京都的街道,被称为"鲅鱼街道",就源于此段历史。

鲅鱼寿司有蒸寿司、押寿司等,是京都最具代表性的寿司,据说在祝贺仪式以及祭祀时都会出现。

南禅寺豆腐

南禅寺豆腐形如木碗,入口软,可以做凉拌豆腐,但是味道绝佳的还是汤豆腐。

豆腐起源于中国，相传诞生于公元前2世纪左右的汉武帝时期。从镰仓时代（1185年—1333年）至室町时代（1336年—1573年），由留学的僧人将豆腐及其制作方法带入日本。在精进料理中豆腐是必不可少的一道菜品。

京都盛行豆腐料理的原因是，质量好的冷水资源丰富，豆腐料理淡淡的口味非常适合京料理。

古代在离海较远的京都市里，很难买到新鲜的鱼，豆腐成了重要的蛋白质来源，历来很受重视。

牡丹海鳗

海鳗是在京都生活的人们离不开的夏季食材。

夏季，相传举办祈园祭的时候，吃长的东西可以补充体力。因此，海鳗与鳗鱼一同很受欢迎。

吃的时候，要使用专用的刀"断骨"（将小骨头切断）。断骨，是厨师见功夫的地方。

海鳗经热水一烫，外皮外翻，像开花一样，加梅子肉、芥末酸辣酱就可以吃了，称为"汤引海鳗"或"牡丹海鳗"。还有寿司、天妇罗、蒲烧、腌制后油炸等多种吃法。

中国游客不可错过的京都府景点

大谷大学博物馆

该博物馆于2003年开放，收藏关于东洋学及日本史研究的古文献。

值得一提的是，博物馆中保存着宋代拓本《化度寺故僧邕禅师舍利塔铭》（唐代石碑的拓本，原碑已毁），以及净土真宗、佛学、哲学、历史学、文学等方面史料典籍。

代表性的藏品，还有清代在北京制作的西藏语的敕版大藏经《北京版西藏大藏经》全本。这部经书包括巴黎国立图书馆所藏，存世仅有几部。

相国寺

相国寺是临济宗相国寺大本山的寺院，全称为万年山相国承天禅寺。

相国寺名称是效仿中国"五山十刹制度"的起源明朝大相国

寺。开山祖师为梦窗疎石，由足利义满创建，在京都五山中位列第二。

中国的大相国寺位于河南省开封市，与日本京都的相国寺是友好寺院。两个寺庙内都立有石碑明示此事。

东华菜馆

山东省出身的于永善，在大连学习了厨艺后，来到日本，于1945年开办了带有北京风味的饭店。

在此之前，这里是一家西餐厅，名为"矢尾政"。第二代店主浅井安次郎于1924年试图将这里改建成啤酒屋式餐厅，当时请美国人建筑家William Merrell Vories（创立近江兄弟社，推广普及曼秀雷敦的实业家。——编译注）做的设计。1925年，具备西班牙巴洛克风格的餐厅落成。

进入1940年，日本频繁爆发战争，当时已经不允许开设西餐厅。于是，浅井将该餐厅委托给于永善管理，东阳菜馆由此诞生。

引人关注的是店内的OTIS（奥的斯）电梯，是1924年从美国进口的，据说是日本现存最古老的电梯。电梯仍保持着当年的模样，网状格栅好似蛇纹，楼层指示器如同钟表指针，由人员手动操作控制电梯间，才能上下运行。

William Merrell Vories不仅设计了建筑物，还设计了与之相配的家具和花瓶台座，这些物件至今仍在使用。如今，餐厅仍是最初的模样，客人可以一边享用丰盛的菜品，一边欣赏独特的建筑和装修风格。

万福寺

人们来到黄檗宗大本山的万福寺，会强烈感受到这里与日本的其他寺院不同。

明代高僧隐元禅师受邀来到日本，于1661年建成万福寺。隐元禅师是日本茶道的开山始祖，并将各类书籍以及各种黄檗宗文化，豇豆角，具有中国特色的精进料理"普茶料理"等，带到了日本。

从寺内建筑到佛像样式，从佛教仪式到精进料理，万福寺完全效仿中国风格。

与中国各省市结成友好城市的行政自治体

京都府——陕西省

1979年,以京都府知事为团长的访问团访问陕西省,给双方建立友好关系创造了契机。之后,双方在经济、文化、教育等领域开展了广泛交流,民间交流也日渐活跃。1982年,陕西省提出建立友好城市关系的建议。1983年7月,双方签订了友好城市关系协议。

京都市——西安市(陕西省)

1972年,日中邦交正常化。当时的京都市长与中日备忘录贸易(1962年中日双方达成贸易协定,因属于民间性质,因此称为备忘录贸易。——编译注)办事处代表的会谈中,谈及希望京都市与西安市建立友好城市关系的问题。

1973年,京都市议会议员团访华之际,向中日友好协会会长廖承志递交了京都市长的亲笔信,请廖承志予以斡旋。同年 4 月,廖承志访问日本时,宣布双方将于 1974 年内建立友好合作关系。同年 6 月,京都市市长访华,与原国务院副总理李先念、原西安市革命委员会主任孙长兴会谈,双方建立事实上的合作关系。1974 年 5 月,双方宣布正式建立友好关系。

舞鹤市——大连市(辽宁省)

1974 年,舞鹤市市长带领访问团访问了大连市(当时称旅大市),并提议建立友好合作关系。之后,双方不断创造机会增加接触。1982 年 5 月,双方正式签订了友好城市合作关系协议。

绫部市——常熟市(江苏省)

由苏州市(江苏省)推荐,绫部市与常熟市在 1983 年开始友好往来。1985 年,常熟市市长访问了绫部市。1986 年,绫部市市长访问常熟市。之后,每年都要互访。1989 年,双方缔结了友好城市关系协议。

宇治市——咸阳市(陕西省)

1974 年,京都市和西安市建立了友好合作关系。1983 年,京都府与陕西省也建立了友好合作关系。在此情况下,宇治市和咸阳作为两个区域内的第二大城市,建立友好合作关系的可能性大幅增加。双方的共同点是工业布局相似、历史悠久。在此基础上,双方的沟通更加顺畅,进展大大加快。1986 年 7 月,正式签订了友好城市合作协议。

宫津市——秦皇岛市（河北省）

1978年，日中和平友好条约签订。1980年，宫津市成立以市长为会长的日中友好协会，开始就建立友好合作关系进行探讨。

1981年，由各界市民组成的友好访华团第一次访问了秦皇岛市。两地有很多的共同点。秦皇岛市面临日本海，拥有规模相当大的贸易港口，是中国首屈一指的疗养胜地和旅游城市。宫津市，拥有日本三景之一的"天桥立"，是日本海沿岸重要的观光地。

双方的交流终于有了实质性成果。1986年，秦皇岛市人民代表友好访问团转达了秦皇岛市同意建立友好合作关系的意见。1987年，双方签订了友好城市合作协议。

龟冈市——苏州市（江苏省）

在中日两国建交之后，龟冈市与亚洲近邻的中国城市建立友好合作关系的时机走向成熟。1981年，以市长为团长的行政、议会、经济、市民等各界代表访华团访华，与苏州市建立了联系。此后双方一直持续开展友好交流。直到1996年12月，双方才终于签订了协议。

向日市——杭州市（浙江省）

向日市是京都府内为数不多的竹子产地，杭州市同样以竹子故乡闻名。1984 年，杭州市市长访问向日市，双方明确要进一步深化交流。1985 年 9 月，双方签订了友好交流协议。

长冈京市——宁波市

1982 年，浙江省向长冈京市推荐了宁波市。同年 10 月，长冈京市友好访华团访问了宁波市。1983 年 4 月，两市签订了友好城市协议。

八幡市——宝鸡市（陕西省）

1983 年 7 月，京都府与陕西省建立友好合作关系。同年 8 月，八幡市日中友好协会会员组成的访问团，访问了京都府的友好合作对象陕西省，当时有提议与宝鸡市开展交流合作。1989 年 1 月，宝鸡市人大主任为促进友好交流关系的发展访问了八幡市。同年 5 月和 9 月，八幡市民两次访问宝鸡市。

1990 年 5 月，宝鸡市对外友好协会名誉会长等访问八幡市，就建立友好关系的具体内容进行了协商。，双方明确要在农业、工业、教育等各领域开展交流，这次访问还促成两市中小学之间开展了绘画交流。1991 年 11 月，两市的学校间还结成了中小学友好校。此外，两地还签订了接收研修生的协议。随着交流的不断深入，1992 年 11 月，双方签订了友好城市关系协议。

京丹后市——亳州市（安徽省）

据说京丹后市生长着大约 300 种草药。2004 年，市内的商工会实施了全面促进中小企业活力的活动，计划以"草药主题旅游"振兴本地观光业。

当时，京丹后市组团访问了中国四大药都之一亳州市。以此为契机，2005 年双方缔结了建立友好交流与合作关系的意向。此后双方不断互访，特别是开展了中学生的交流。2006 年，正式签订了友好合作协议。

三 奈良县

在慢慢流淌的时光中感受历史的积淀。

简　介

　　1300年前，奈良设置了平城京。时至今日，奈良县几乎没有东京、大阪等大城市的现代化气息，空气中飘荡着古老的气息，仿佛把我们带回了记纪（上古）和万叶时代。

　　说起奈良县境内的世界遗产，人们总是想到法隆寺和高野山那些建筑物和佛像。但是如果身在奈良之中，你将体会到弥漫在整个城市中的古老气息与世界遗产如此和谐并相得益彰，在日本没有第二个地方与之可比。与之相配的还有奈良人无与伦比的从容态度，举止雍容、细声软语等奈良人所具有的古代都城人风范，令我们这些每天奔忙的现代人汗颜。在奈良，夫妇双方都工作的比例在日本排第47位（2010年数据统计），钢琴保有率居第一（2009年数据统计），与关西其他地区风格迥异。难怪当地人自称"关西地区的世外桃源"。

　　在其他府县上班的比例居全国第一，人均餐饮店数量最少（2014年），酒的消费量居第46位（2013年），吃喝之类的事情在临近的大阪解决。这也间接保证了奈良的安静祥和。

人们总是用奈良人太爱睡觉的特点来揶揄他们太过悠闲洒脱。但是近年来有一个变化,那就是从日本"第一抠门儿"的大阪搬来的居民不断增加。两地人性格上存在巨大差异,不知道未来会给当地带来怎样的变化。

滋贺县的与众不同:

①加班时间最少。

②全日本唯一没有陆上自卫队驻地及民营广播电台的地区。

③东京大学、京都大学录取率在全日本排名第一。

奈良县的地理概况和气候条件

奈良县位于纪伊半岛的内陆部分，面积不大，居全国倒数第8位，是8个不临海的县中面积最小的一个。西北部是奈良盆地，东北部是大和高原，南部有大台原和纪伊山地，是近畿地区最高峰八经岳（八剑山）的所在。

中部到南部是森林地带，占全县面积的三分之二。以千本樱闻名的吉野山，春天游客很多。

自古以来，大峰奥驱道、熊野古道以山岳信仰的圣地而知名。作为"纪伊山地的宗教圣地及参拜道"的组成部分，于2004年被指定为世界遗产。

奈良县最明显的特征就是境内的气候类型极为复杂。

北部地区温差大，年平均气温与全国平均水平相当。年降水量较少，大约1300毫米。降雪量也很少。

中部地区，冬季降雪较多并可以形成积雪，有滑雪场。道路设施应对策略中特别制定了"雪灾对策"，在西日本的县中非常少见。

奈良市所在的北部地区属于濑户内海式气候，十津川村等南部地区是太平洋式气候。两地有巨大差异，天气预报必须把两地分开播报。有时还要更详细地把北部分为3个区域，南部分为2个地域。

总体上，奈良县还是属于盆地式气候，夏季非常闷热，冬季相当寒冷。冬季的寒冷程度在近畿地区数一数二，京都盆地也以冬季寒冷知名，但两者相比，奈良盆地的平均温度更低。

奈良县地处内陆，受台风影响较小。但是，1912年，曾因暴风雨死亡93人；1959年，因台风15号（伊势湾台风）死亡及失踪人数达到113人。另外，1998年，台风7号对室生寺五重塔等文物造成了极大损坏。

总而言之，台风从纪伊半岛登陆北上时，会给当地造成相当大的损失。

奈良县的相关数据：

面积：3,690.94平方千米

总人口：1,359,407人（截至2016年6月1日）

人口密度：368人/平方千米

相邻的都道府县：三重县、京都府、大阪府、和歌山县

奈良县人的性格特点

大和民族的发祥地

奈良县崛起时间非常早,几乎是日本历史教科书中最早出现的地名。作为日本最早的城市之一,以平安京为开端,日本首都大多设在此处,直到迁都京都府为止。

这里的旧国名为"大和",可以认为奈良是大和民族的发祥地。奈良是一个"过去色彩"浓厚的地方。

到2010年,距离平城迁都已经整整一千三百周年。圣德太子建造斑鸠宫的时间比迁都还要早100年以上,这么久远,真是想都不敢想啊。

在临海的地方出生的人,性格一般都开朗大度。而对于不临海的奈良人,完全是个例外。

一踏入奈良县地界,你就会感受到雅致高贵的氛围。人们做事雍容大度,着急忙慌的风格与奈良格格不入。

与京都相同,作为曾经的首都,曾经的全日本政治、文化中心，奈良人从心底就被渗透了极强的自豪感和荣誉感。

同为古都，奈良人具有独特的大方气质。京都即使作为首都有 1200 年的历史也难以企及。作为现在的"首都人"——东京（包括江户）人，更是望尘莫及。

奈良人讲睡

奈良给人的总体印象是气候温暖，物质丰富，灾害很少。

《人国记》中记载："当地基本上与山城国风俗相近。大约是昔日王城所在地的缘故。""当地人多有气度，好名利。""当地人多追逐名利，用词精巧，隐藏真意，巧舌如簧。"

如此看来，奈良从古代就有了大城市居民常见的好面子风格。

俗语说，"大阪人讲吃"，"京都人讲穿"，"奈良人讲睡"。最后一句是说奈良人什么都不管只顾睡觉，结果蒙受损失。

但是奈良人并非游手好闲。高中毕业后的升学率居全国第 5 位（2015 年），最终学历是大学本科或研究生的比例居第三（2010 年）。说"奈良人爱睡觉"，大概是形容奈良人心态放松，性格沉稳。

奈良人说话也是关西口音，感觉比京都要舒缓一些。来此出差的商务人士也会受到感染，变得放松。在奈良生活，不会感到压力。相应的，奈良人缺少霸气，比较本分老实。

在奈良县，餐饮店的数量（每 1000 人）全国最少（2015 年）。年人均书籍杂志购买额在几十年间一直徘徊在 40 位左右，

2006年更是在全国垫底。劳动力比例也是全国最低（2014年）。

与之相对的是，奈良县钢琴保有率达34.5%，位于全国首位（2009年）。在短暂的夜晚时间，奈良人不是外出吃喝，而是在家里弹琴或者听音乐。

情趣如此高雅，使得奈良人没有急躁、亢奋的心态。因此，该地自杀率是47个都道府县中最低的。

大和之国

2010年，迁都一千三百周年之际，奈良县公开了纪念活动的吉祥物"迁都君（长了鹿角的童子形象）"，引起一片哗然。"一点都不可爱""太恶心了""有历史感，适合奈良"，各种议论波及全国，成为当时的热门话题。

近期，奈良县正逐步演变为大阪的卫星城。随着大量人口涌入，优雅的古都氛围正渐渐消失。

也有另外一种声音。从其他地区移居来的人们经常嘀咕，到了奈良之后，好像一下子就被同化了。被"奈良化"，也体现了历史积淀的巨大影响力。

踏上奈良的土地，很多人应该会感慨"天空真广阔啊"。东京都高楼大厦林立，只能从钢筋丛林的缝隙中看到小小的蓝天；京都建在狭窄盆地中的城市，喘气都困难，哪里还想着看蓝天。

在奈良，一方面是法律规定市内没有高层建筑（县政府大楼也只是六层建筑），另一方面到处都是神社、佛寺等遗迹或文物（国宝、重点文物的数量仅次于东京和京都居第三）。因此，在宁静的氛围中人们当然有闲情逸致，去看蓝天白云。

明治时代（1868年—1912年）实施废藩置县时，京都和大阪这些过去做过国都的地方都设置成"府"，唯独奈良设置成了县。

怎么能这样对待奈良呢？，这里被歌颂为"大和之国"，日本代表性的古都啊？很多人对此表示异议。但是奈良人对此毫无意见，大约是根本就不在意这种表面问题。

战后，奈良成为旅游县。全国修学旅行的目的地中，总少不了京都和奈良。

当时，很多旅游景点都有种现象，就是有些商人抱着"这些客人只能来一次"的想法，狠宰一刀。如果大多数客人是学生，这种情况就更严重了。

如今，过去的学生已经是成年人，他们中的很多人会去奈良游玩，但会避开大阪。大概是当年大阪人太能赚钱了，给他们留下了太深的印象。

现在，日本各地都有来自世界各地的游客。历史悠久的奈良当然成为最受欢迎的地方之一。

各国各地的信息随着游客的进入，涌进奈良城。奈良人虽然高贵但是信息敏感度好，好奇心强。据NHK全国县民意识调查，认为"希望在生活和工作中引入新鲜内容"的奈良人居全国第二，足以证明这一点。

奈良是一个适合游玩的城市。所谓游玩，并不是唱歌喝酒，而是一个锻炼头脑增长知识的地方。

在奈良境内丰富的大自然中各处走走,学习日本的历史和文学,感知大和民族的真面目,这是一种高级的游玩方式。

因为历史遗迹、文化设施众多,奈良的报纸和电视节目中关于历史及其相关建筑物的新闻就居多。

无论如何,了解了奈良人的性格之后,那些为了追求所谓的方便而每天忙忙碌碌、精神压抑的现代都市人,应该能深深认识到自己有多么不自由。

奈良县的重要数据和知名人士

奈良县在日本名列第一的几个领域

领域	数值
牛肉消费量（2013年）	10,617克
咖啡消费量（2009年）	3,195克
钢琴普及率（2009年）	34.5%
空气净化器普及率（2014年）	40.2%
台式电脑普及率（2009年）	84.0%
录像机(包括DVD和蓝光机)普及率(2014年)	85.0%
LED电器普及率（2014年）	38.7%
国宝及重点文物（美术工艺品）（2014年）	1,054件
国宝及重点文物（建筑物）（2015年）	382间
遗迹数量（2015年）	116件

领域	数据
京都大学录取人数（每千人）（2016年）	219.20人
女性从事家务劳动的时间（2011年）	237分钟

奈良县出身的名人

政界：

　　高市早苗（奈良市）

　　辻元清美（大淀町）

　　白浜一良（大和郡山市）

商界：

　　十合伊兵卫（橿原市），SOGO百货公司创始人

　　津村重舍（宇陀市），株式会社津村创始人

　　山田安民（宇陀市），乐敦制药公司创始人

文化界：

　　福井谦一（奈良市），化学家、诺贝尔化学奖得主

　　司马辽太郎（葛城市），作家

　　住井SUE（田原本町），作家

　　井筒和幸（大和郡山市），电影导演

河濑直美（奈良市），电影导演

高桥伴明（奈良市），电影导演

冈本英树（奈良市），动画导演

福岛香织（奈良市），新闻记者

笛吹雅子（奈良市），报道主播

演艺界：

田中星儿（御所市），音乐创作人、歌手

山本润子（天川村），原高保真演唱组合成员

三木道三（生驹市），歌手

青山西尔玛（大和高田市），歌手

加护亚依（大和高田市），原早安少女组合成员

堂本刚（奈良市），"近畿小子"双人音乐组合成员

尾野真千子（五条市），演员

八岛智人（奈良市），演员

松下奈绪（生驹市），演员

西川纪夫（川上村），相声演员

体育界：

谷口彻（橿原市），职业高尔夫选手

立川理道（天市），橄榄球选手

高桥礼华（橿原市），羽毛球选手

高桥沙也加（橿原市，）羽毛球选手

楢崎正刚（香芝市），名古屋虎鲸职业足球队球员

林丈统（奈良市），大分特林塔职业足球队球员

北本久仁卫（奈良市），神户威塞尔职业足球队球员

二见宏志（奈良市），仙台七夕职业足球队球员

平冈翼（橿原市），东京足球俱乐部成员

龟井义行（大和郡山市），读卖巨人职业棒球队球员

久保康友（橿原市），横滨海湾星职业棒球队球员

小洼哲也（葛城市），广岛东洋鲤鱼职业棒球队球员

三浦大辅（大和高田市），横滨海湾星职业棒球队球员

西冈刚（奈良市），阪神虎职业棒球队球员

岛本浩也（大和高田市），阪神虎职业棒球队球员

吉田一将（橿原市），欧力士青波职业棒球队球员

冈本和真（五条市），读卖巨人职业棒球队球员

奈良县特有的风味美食

飞鸟火锅

据说遣唐使将喝牛奶的饮食习惯带到了日本。之后，僧侣们想到用牛奶煮鸡肉的吃法，这就是飞鸟火锅的起源。

火锅中还要加入豆腐、应季蔬菜等用来均衡营养，量也很大。在寒冷的冬季备受欢迎。

野猪肉火锅

在山地栖息的野猪、鹿等野生动物，对不靠海的奈良县人来说是宝贵的动物蛋白来源。

野猪肉有一股腥臊味，据说在猎杀后马上加工，肉质柔嫩味道鲜美。

在家庭料理中，为了除掉野猪肉的腥气，要用味噌、牛蒡、山椒调味，是招待客人的上品。

柿子树叶寿司

柿子树叶有防腐的功效,作为生活常识广为人知,但是古人一直无法做出科学的解释。奈良地区柿子树非常多。每年6月,摘取柿子树的嫩叶,连同从熊野滩捕捞的鲅鱼一起用盐腌制,可以制成柿子树叶寿司。

柿子树叶寿司除了节日庆典使用,也是待客的佳品,而且非常容易保存。

土特产:奈良腌菜

不要以为奈良腌菜只是普通的咸菜。在奈良,1300年前就有了"酒糟腌菜",当时是上流社会的美食,很受重视。在平城京遗迹发掘的长屋王木简中,就发现了记载有"酒糟瓜"的菜单。

据说在江户时代,曾作为贡品上交幕府。后来,路过奈良的人将奈良腌菜作为土特产带回家乡很受欢迎,从此闻名全国。

制作时,将白瓜、黄瓜、西瓜等用食盐腌制,加酒糟,然后数次更换酒糟。制作过程费时费力,味道自然上乘。

中国游客不可错过的奈良县景点

斑鸠町西里街道

据说西里是建造法隆寺的工匠们的居住地,后来圣德太子从飞鸟地区移住这里。东里也有建造法隆寺相关人员的居住地。

西里街道从法隆寺西大门往西直线延伸大约200米,在宽约3米的窄路两侧,土墙及民宅相连。当时,在这里生活的人都是从朝鲜半岛和中国大陆来的中国僧侣和工匠,他们代表着最先进的文化水平。

法隆寺工匠的顶梁柱,后来为德川家康主持修建了二条城(京都府)。参与建造骏府城(静冈县)、江户城的中井正清,当时也居住在这里。

唐招提寺

唐招提寺是南都六宗之一律宗的总本山,是由扬州江阳县出生的鉴真和尚于759年创建的,在新田部亲王的旧宅遗迹上兴

唐招提寺

建而成。他在此度过了晚年。

鉴真于754年到达太宰府（今福冈县）。为到日本，前后历时17年，经历4次渡海失败并因此失明。历经千辛万苦终于到达日本，一直被当作历史佳话相传。

鉴真不但深通戒律，在雕刻以及医药方面也有很深的造诣。他毫无保留地将这些知识传授给日本人。还兴建了悲田院，救济贫民。

唐招提寺收藏了众多国宝、文物。作为"古都奈良的文化遗产"的一部分，1998年，被联合国教科文组织列为世界遗产。

大安寺

位于飞鸟地区的大官大寺，随着迁都平城京搬迁过来后，称为大安寺。据说当时正门的南大门面对六条大路，寺庙横跨东西三条街道南北五条街道，面积之大可见一斑。

当时的大安寺，与元兴寺并列，是日本三论宗的两大流派。三论宗，是隋代嘉祥大师吉藏开创。作为遣唐使的僧人道慈，师从嘉祥大师，将护国经典《金光明最胜王经》带回日本，还参与了大安寺的建设。

据说当时大安寺有僧人887人，赴唐朝邀请鉴真东渡的普照和荣叡也在籍。

相传来日本的印度僧人菩提仙那、唐朝僧人道璇、占婆国（今越南——编译注）僧人佛哲都曾在此修行。

当麻寺

当麻寺位于二上山山麓。相传建于612年，是高野山真言宗和净土宗两派并立的寺院。据说由圣德太子的同父异母弟弟麻吕古王开创。

正殿内，有高达219.7厘米的弥勒佛坐像，两膝、身体、头三部分分别建造，然后合体而成，与隋代和受其影响的新罗佛像造像样式相近。被当作日本国宝，推断应为建寺时所造。

在正殿须弥坛的四角有干漆写实风格的四大天王立像，表情安静，胡须上翘（称为凯撒胡），与中国成都万佛寺遗迹出土的天王像相同，充满了"异国风情"。

与中国各省市结成友好城市的行政自治体

奈良县——陕西省

陕西省几乎位于中国的正中心位置,黄河从境内流过。秦代都城咸阳、唐代都城长安都在其境内,很有历史渊源,"兵马俑"被列为世界文化遗产。建议与陕西省建立友好合作关系的是荒井正吾知事。

2008年,知事访问了陕西省,向当时的陕西省省长建议双方建立友好合作关系,并得到积极响应。2009年,陕西省代表团访问奈良市,签订了《关于两县省关系发展的备忘录》。之后,双方继续协商。2011年,签订了友好城市关系协议,可谓进展迅速。

奈良市——西安市(陕西省)、扬州市(江苏省)

8世纪时,奈良和西安是各自国家的首都,双方很早就开始了文化交流。

1969 年之后，奈良市曾数次向西安市递交建立友好城市关系的提案。因为当时中日关系尚未恢复，所以都没有回音。

1972 年日中邦交正常化之后，中日备忘录贸易办事处的首席代表访问奈良市，提到希望促进两市建立合作关系。

1973 年，奈良市代表访华，并就建立友好关系事宜协商。1974 年 1 月，两市市长宣布双方建立友好城市关系。

之后，奈良市与江苏省的扬州市也建立了友好城市关系。

创建唐招提寺的鉴真，曾在扬州的大明寺做住持。以此为缘，两市从 2000 年开始互相交流。2010 年，奈良市市长率友好代表团访问扬州市，双方建立友好城市关系事宜进入快车道。同年 2 月，双方签订了备忘录。同年 5 月，正式签订了友好城市关系协议。

橿（音 jiang）原市——洛阳市（河南省）

藤原京遗迹所在位于奈良县第二大城市橿原市。1995 年，举办"橿原市 1995"的大型主题活动，因为藤原京时代遣唐使曾访问洛阳，所以邀请了洛阳市市长。但正式开启地方政府间的互访是从这一年开始的。

1998 年，洛阳市向橿原市赠送了 300 株洛阳牡丹。2002 年，橿原市市民 39 人作为"平成的遣唐使"访问洛阳市。2006 年 2 月，在橿原市建市五十周年之际，双方正式签订友好合作协议。

四 和歌山县

一个让大阪周边城市都黯然失色的地方。

简　介

　　和歌山县有很多个"第一次"，比如世界第一次成功进行全身麻醉手术的华冈青州，创办高中（当时称为中学）棒球甲子园大会的田村木国，合气道的创始人植芝盛平，设计了实验用量杯的香川绫。例子多多，不胜枚举。

　　说起纪伊国，人们都会想到这是一个森林王国。全县境内占地面积的77%都是山林，纪南地区的山地一直延伸到海岸边。

　　在这样狭窄的空间生存，需要挑战精神和向外拓展的气概。太平洋宽阔广大，促使和歌山县人养成了开朗、利落的性格，又间接影响很多人从纪南地区移民到美国、加拿大、澳大利亚等海外国家。

　　与之相对，靠近大阪的纪北地区，以观光业为主，很多人会来参观"纪伊山地的宗教圣地和熊野古道"等世界文化遗产。当地人重视商业，因此就出现了很多知名商人，比如纪伊国屋文左卫门、松下幸之助等。

　　和歌山县依山傍海，人们既有高山的雄伟气魄，有具有海纳百川的精神，涌现出众多具有突出贡献的人物。

和歌山县的与众不同：

①据说是日本味噌和重口味酱油的诞生地，但是味噌的人均消费量（2011年—2013年）居日本最后一名。

②蜜桔、柿子、梅子产量在日本位列第一。

③全日本备长炭产量高达50%以上（用马木坚木经过摄氏1200度高温炭化后所成的木炭，其微细孔众多，吸附力强，十分坚硬，与钢的硬度差不多。烘成的木炭体积是原木的三分之一，但是重量却只有原木的十分之一。——编译注）的生产地。

和歌山县的地理概况和气候条件

和歌山县地处日本最大的半岛纪伊半岛西侧。北部的和歌山市、海南市周边，是阪神工业区的一部分，主要产业为钢铁和石油工业，产值各自占到全县经济总额的三成，两项合计可占到 60%。

但是和歌山县南部，盛产蜜桔、梅子、八朔橘、柿子，这些水果产量均为日本第一。还种植有李子、美国橙、伊予柑、猕猴桃、桃、夏桔等水果，品种丰富，故有"水果王国"的美誉。

全县总面积将近八成都是山地，东部的纪伊山地（主峰为海拔 1,915 米的八经岳）与奈良县、三重县交界。

境内高野山以深山幽谷著称，与熊野三山（熊野本宫大社、熊野速玉大社、熊野那智大社的总称。——编译注）等一起，于 2004 年被登录为世界遗产。

从奈良县流入和歌山县的纪川最终注入纪伊水道，在河口处水流和缓。其他河流，如有田川、日高川、富田川、日置川、古座川、熊野川等，则随着山势变化而水流蜿蜒曲折，形成了险峻的 V 字形山谷。

潮岬位于县南部串本町，是本州岛的最南端，是眺望太平洋的极佳景点，还被称为"台风银座"，是日本数得上的台风登陆地。潮岬作为台风位置的参照地经常出现在天气预报和新闻里，在日本无人不晓。

县北部是濑户内海式气候，南部是太平洋式气候。受黑潮（日本海流）影响，全县气候温暖，南北温差不大。

但是南北降水量差异较大。北部的纪川沿岸地区，年降水量相对较少，不足 1,500 毫米；南部地区多雨，降水量在 2,000 毫米以上，特别是南部山区和那智胜浦町周边，年降水量可以达到 4,000 毫米，在日本境内都属于多雨地带。

熊野本宫大社

和歌山县的相关数据：

面积：4,724.69 平方千米

总人口：956,582 人（截至 2016 年 6 月 1 日）

人口密度：202 人 / 平方千米

相邻的都道府县：三重县、大阪府、奈良县

和歌山县人的性格特点

山川湖海俱全

和歌山县境内，山、川、湖、海俱全，在如此优越的自然环境之中，可以充分感受四季的变化，尽享大自然的恩惠，处处可感受诗情画意。

如果在地形单一的广阔平原之上，气候变化又小，肯定没有这样的浪漫气息，自然就没有创作欲望了。

曾经有一位知名作家去洛杉矶搜集素材，当地生活的日本人热情地对他说："这里一年四季空气干燥，太阳高照，也没有梅雨。在这里工作怎么样？"作家的回答是："在这里，一行字我也写不出来，因为这里太缺乏变化了。"

日本人，似乎要亲身感受季节的变化，才能激发自己对生活的热爱，从而努力工作。尤其是写小说的作家，绝对不能少了这种体验。

但是，和歌山县全年温暖，季节变化不是很明显。有很多人在南纪白滨一带买了别墅，从京阪神地区搬来这里过冬。

年平均气温在本州地区排第三（2010年数据统计），位列大阪府、兵库县之后。大阪和兵库受城市特有的热岛效应影响明显，实际上，和歌山应该是本州地区最暖和的地方了。

和歌山县地势非常高，几乎没有平地，都是山地。只是在纪川下游的和歌山市和海南市周边，在海岸线附近，有零星的平地，适宜人类居住的地方少得可怜。

适宜居住的土地面积的比例在本州岛居第五位，非常低，其后是岐阜县、山梨县、奈良县、岛根县等四个县。

乘坐JR纪势本线，过了海南市再向南经过有田市，平地越来越少，再往前走，过了田边和南纪白滨，转过本州岛的最南端潮岬之后，进入熊野滩一侧时，车辆就只能在柑橘树林中穿行了。从车窗探出手，就能摘几个柑橘。

过了新宫，从熊野到三重县的尾鹫之间，几乎都是隧道，已经没有平地。

崇山峻岭之间产生了神秘感，自平安时代（794年—1192年）起，高野山、熊野三山就是宗教信仰的发源地，被登记为"纪伊山地的灵场和参拜道"，列于世界遗产之中。

作为热门景点，过去曾大受欢迎，如今已经大不如前。以山间的神秘感诱惑游客，说说就罢了。如果远离世俗世界，且交通不便，就阻止了游客的好奇心。近年来，随着经济的发展也变得不再吸引人。

在这样的环境中，当地的一些人感觉无法维持生计，想到了去海外发展。

御坊市以西的美滨町有一个小渔村,名叫三尾集落,别名"美国村"。明治时代,曾有加拿大渔民到过这个小渔港,后来经他介绍,若干当地人去了加拿大。

"弗雷泽河(流经加拿大不列颠哥伦比亚州,在温哥华附近注入太平洋,全长1400公里)里全是鲑鱼(大马哈鱼)!"他们将当地的情况传回家乡。由此,当地人开始向北美移民,每年都有几十人移居美国或加拿大。

太平洋战争结束后,回国的人们则仿照美国的建筑方式,在这里建造外壁涂上白漆的房子,用水泥固定房瓦,慢慢地这里的美式建筑就越来越多。这就是"美国村"的由来。

纪北地区勤俭持家,纪南地区豪迈爽快

在纪南沿海地区,有很多水产业据点以捕鲸为主。当地人朴素大度,讲究义气和人情,性格开朗热情,有进取精神。

南部地区往东,到熊野滩沿岸地区,会有太平洋黑潮(日本海流)经过,人们的性格变得更加开放粗犷而不拘小节。

从大阪市内(JR天王寺站)出发,乘坐特急电车行驶大约一小时后,就来到和歌山县这样一个风格迥异的地方。以"美国村"为代表的和歌山县完全超出了关西或近畿的范畴,感觉像是到了另外一个国度。

我们不妨探寻一下根源。在很久以前,从南方出发的人们顺黑潮来到这里。然而这里几乎没有平原,不适合居住。受地

理环境的影响，人们不得不从这个海再去另一个海，最后到太平洋沿岸谋生。长此以往，当地的人们就形成了随遇而安的性格。

与之相对，纪北地区则是另外一个风格。江户时代，统治这里的是"御三家"之一纪伊德川家。纪北地区作为大名所在的城市，当地人荣誉感强，落落大方，遇事不慌不忙，与尾张国相近。大约是受到古代开拓者们的冒险精神的影响，心总是放得很宽，对任何事都不着急。纪北地区的人们以勤俭持家为最高美德，与名古屋人比较相似。

作为"御三家"曾经统治的地区，近年来和歌山县成了近畿地区唯一一个人口少于100万的县。这种情况可能是受大阪经济圈走向衰落的影响。人口减少对于当地是不可小觑的问题，但是和歌山县至今没有推行有力措施，阻止人口减少的势头。

让人感觉暖暖的心灵寄托之地

就像谈论滋贺县必须谈到京都府一样，谈和歌山县就必须说说大阪府。当然这是基于关西人的感觉。

其他地区的人们，对滋贺或和歌山基本没印象，更甚者可能还搞不清这两个县的位置关系。

首先我们必须认识到和歌山的情况，与东京、埼玉、千叶三者之间的关系性质截然不同。

滋贺县、和歌山县的历史都很悠久。虽然京都、大阪、神户等大城市是这些地区的中心，但是关西人把关西当作一个整体来考虑。关西地区内部之间的联系自古以来就很密切，这种传统一直延续至今，只是在内部交流的过程中，各地担当着不同的角色。

关西地区的大部分人都很和善，即使京都府人不太受欢迎。

我们总有一种印象，好像只有大阪讲关西话，这是根本错误的。其实，关西地区的所有地方都讲一口让人心里暖暖的关西方言。和歌山县也一样，只是缺少大城市的特点。

和歌山人还缺少独立性，很多和歌山人把和歌山看成大阪的一部分。和歌山人与大阪人有相似的性格特征，纪北地区更是如此。

纪南地区，特别是山区，则完全不同。现在的高野山、熊野三山地区，还弥漫着当年从都城而来的贵族在此参拜时的那种尊崇的氛围。在当地人的精神世界里，始终认为这里就是关西人心灵寄托之地，而且这种想法根深蒂固。

和歌山县的重要数据和知名人士

和歌山县在日本名列第一的几个领域

项目	数值
虾的消费量（2008年）	3,193克
年肉消费量（2013年）	51,078克
销售玩具的店铺数量（每10万人）（2014年）	6.69间
KTV店数量（每10万人）（2014年）	12.56间
小型汽车普及率（2009年）	60.8%
小型摩托车普及率（2009年）	42.1%
个体户数量（每100人）（2012年）	6.99人
蜜桔产量（2009年）	189,000吨
柿子产量（2009年）	57,300吨

和歌山县出身的名人

政界：

二阶俊博（御坊市）

平野博文（葛城町）

鱼住裕一郎（纪美野町）

岸本周平（和歌山市）

商界：

青木汤之助（和歌山市），西餐餐馆"红花"创始人

上山英一郎（有田市），大日本除虫菊公司创始人

岛正博（和歌山市），岛精机制作所创始人

田岛一雄（海南市），美能达创始人

西本贯一（和歌山市），能率钢机公司创始人

松下幸之助（和歌山市），松下电器产业创始人

宫路年雄（日高川町），城南电机公司创始人

山叶寅楠（和歌山市），雅马哈公司创始人

文化界：

香川绫（田边市），医学博士

竹中平藏（和歌山市），经济学博士

有吉佐和子（和歌山市），作家

津本阳（和歌山市），作家

中上健次（新宫市），作家

佐藤春夫（新宫市），诗人

东洋一（纪美野町），电影导演

楳图一雄（高野町），漫画家

田中纯（田边市），漫画家

演艺界：

明石家秋刀鱼（串本町），演员

小西博之（田边市），演员

小林稔侍（葛城町），演员

富司纯子（御坊市），演员

坂本冬美（上富田町），歌手

田川寿美（和歌山市），歌手

天童芳美（田边市）歌手

体育界：

冈田俊哉（美浜町），中日龙职业棒球队球员

冈本洋介（周参见町），埼玉西武狮职业棒球队球员

坂口真规（纪之川市），读卖巨人职业棒球队球员

筒香嘉智（桥本市），横滨海湾星职业棒球队球员

西川遥耀（纪之川市），北海道日本火腿斗士职业棒球队球员

平井凉（纪之川市），东京养乐多燕子职业棒球队球员

益田直也（纪之川市），千叶罗德海洋职业棒球队球员

驹野友一（海南市），东京足球俱乐部成员

酒本宪幸（御坊市），大阪塞雷佐足球俱乐部成员

和歌山县独有的特色美食

炖舞鲷鱼（鹦嘴鱼）

和歌山县南部浅滩里生活的鹦嘴鱼,以味道好而闻名,是新年或其他节日不可或缺的食品。加工时不去头和尾,整只下锅炖,晾凉后的鱼冻更是鲜美。

据说由于鹦嘴鱼在水中游动时转来转去,仿佛在跳舞一般,所以得名"舞鲷鱼"。还有一种说法,面部颜色鲜艳,仿佛是一个浓妆打扮的舞者,并因此得名。

万能调味料：梅子酱

用过滤干净的梅子干加白砂糖熬制的调味料,酸甜可口,是很好的下饭菜。还可以制成鲅鱼寿司、梅肉色拉、梅肉三明治等,广受欢迎。

还可以在炸鸡翅、炸鸡胸脯、炸沙丁鱼时使用,或者用来制作西红柿色拉,堪称是万能的调味料。

料理也是修行：芝麻豆腐

原材料是芝麻和葛粉，但是不用大豆，是高野山地区的精进料理中必有的一道菜。

为达到口感顺滑的效果，首先要小心翼翼地去除芝麻皮。制作过程费时费力，充分体现了"料理也是修行"的理念，是禅寺里僧侣们的重要劳动内容。

芝麻具有强壮身体、延年益寿的功效。对吃货们来说，这的确是一道大饱口福的菜。

太地的鲸鱼料理

和歌山县受海洋恩惠，太地町以捕鲸而闻名。最近，又以捕食海豚成为人们的关注焦点。

可以加调料油炸后，加芝麻吃。或者用食盐腌制后的鲸鱼肉切段，再用酱油和酒腌制而成的"镰仓腌鲸鱼肉"，人们对此评价最高。

鲸鱼内脏也可以加芝麻醋和酸味噌食用。特别是称为"百寻"的大肠，隐喻长久，是各类庆祝宴席上的佳品。

目张寿司

以前是进山或农田里干活时吃的方便食品，初始只是想在辛苦劳作时能快速解决吃饭问题。

主要由腌过的大芥菜卷上麦饭吃。当初有棒球那么大，现在经过改良，个头做成了正好可以一口吃进去。

目张寿司名称的由来，一说是因为寿司个头太大，犹如圆睁的双目；一说是如张开的大芥菜叶。

熊野地区的一般家庭里，现在还有从冬天到春天腌制大芥菜制作目张寿司的传统。

中国游客不可错过的和歌山县景点

徐福公园

徐福公园位于新宫市，门楼完全是中国式建筑风格。传说大约2200年前，徐福奉秦始皇之命寻找"东海之上的三座神山及长生不老药"，乘船出发，渡海到达了日本。

据说，徐福在海上看到熊野川河口附近有半球形山（后称为蓬莱山）风景优美，遂决定在此登陆。他还在此地发现了名为天台乌药的树木，对温暖的气候和美丽的自然风光非常中意，遂决定在此定居。

徐福带人与当地人共同开垦土地，并向当地人传授了农业技术和捕鱼、捕鲸、造纸等技术。徐福公园内建有徐福墓。

因徐福公园临近JR新宫站，故这里是市民休闲的好去处，也是著名的旅游景点。

三断桥

三断桥建造于江户时代初期，是和歌山县内最古老的石桥。

相传三断桥由纪州德川家的祖上德川赖信建造，从和歌山市内通向海中小岛妹背山。石桥的栏杆、栏板、桥面、桥墩等模仿浙江省杭州市西湖上"六桥"建造。

净妙寺

如宝是从大唐历尽千辛万苦来到日本的鉴真和尚的弟子。他于806年创建了医王山净妙寺，属于临济宗妙心寺派的寺院。

如宝是孤儿，后被鉴真收养，并非普通弟子，与鉴真一同于754年来到日本。曾前往下野国（今枥木县）药师寺。鉴真圆寂后，回到唐招提寺，积极参与了寺院的营造工作。

与中国各省市结成友好城市的行政自治体

和歌山县——山东省

为推进与中国的友好关系,拓展经济文化等领域的交流,和歌山县一直希望与山东省建立正式的友好合作关系。山东省有漫长的海岸线,建有天然良港,水产业发达。二者都具有悠久的历史,自然环境相近,工业发达并且文化丰富。

经由政府带头,在议会和经济界等民间各界积极参与下,全县组织了各种形式的交流活动。1984年4月,为了促进共同发展,双方正式签订了友好合作协议。

和歌山市——济南市(山东省)

济南市地下资源丰富,工业发达,特别是机械、纺织、化学等产业发达。1982年4月,中国政府批准了双方的合作协议。1983年1月,双方签订了友好城市协议。

桥本市——泰安市（山东省）

1985年，与和歌山县已经结为友好关系的山东省，派出城镇开发建设考察团到访桥本市。当时，两地都在进行大规模的城市开发建设。泰安市管辖境内有泰山，桥本市有高野山，都是所在国的名山。因此，两地就推进建立友好合作关系达成一致。泰安市位于山东省的正中间，是有着令人骄傲的历史文化的城市，名胜古迹众多。1987年，两地正式签订了友好关系协议。

纪川市——滨州市（山东省）

2005年11月，打田町、粉河町、那贺町、桃山町、贵志川町合并，组成了新的纪川市。随着行政机构变革的完成，当地开始关注地方城市的国际交流。

通过与和歌山县建立友好关系的山东省介绍，了解到曾是孙子孙子（孙武）故里现为中国第一个国家卫生城市的滨州市。2006年，双方就建立友好关系交换了备忘录。在获得中国政府的批准后，2007年10月，双方正式签订了友好城市合作协议。

葛城町——青岛莱西市（山东省）

葛城町与青岛的莱西市之间，从接收农业研修生开始，双方实现了互访。之后，双方的人员交流不断。1994年10月，双方签订了友好关系协议，结为友好城市。

有田町——贵溪市（江西省）

2003年起，以经贸交流为开端，有田町与贵溪市开始交流活动。之后，扩大到文化领域的交流。为促进各自的发展，两地在体育、卫生、人才派遣等领域交流与合作不断深入。2006年，双方签订了友好交流协议。

五 大阪府

与首都东京并列的日本两大中心之一,其人口与人口密度仅次于东京。

简　介

　　大阪是日本第一个在人行横道上设置读秒式信号灯的地方。尽管如此，大阪人仍旧盯着横向车道的信号灯。只要行车道的信号灯变成红色，行人就立刻开始过马路。由此可以看出，大阪人还是急性子比较多。

　　电车的自动门上贴着的警示语，由"请注意不要夹住手指"简写为"注意手指"，说话节奏也更快。不管对方是什么身份之人，大阪人一般都表现得自来熟。

　　大阪街道狭窄，人口密度大，噪音严重。夏季酷热，呼吸都感觉困难。排除这些压力的手段，只有饴糖和笑话了。东京人初到大阪会吓一跳，但是偶尔入乡随俗，放松一下，你会发现大阪是一个令人愉悦的地方。

大阪府的与众不同：

①"汽车池子"指的是计时收费停车场。

②对昵称为"太阁"的丰臣秀吉的尊敬程度，居日本第一。

③速度快、便宜、能吃饱的面食，是大阪人的最爱。

大阪府的地理概况和气候条件

大阪府境内有两座政令指定城市,分别是首府所在地大阪市和堺市。

大阪府位于近畿地区的正中央位置,是西日本的行政、经济、文化、交通中心。江户时代时,大阪府曾是全日本的经济中心。

大阪府所在地区由旧摄津国、河内国、和泉国三个藩国组成。这三个藩国都属于旧近畿区域内,离当时的首都很近。

相传,古代的应神天皇曾居住在大隅宫,仁德天皇曾居住在南波高津宫。从此看来,当时的大阪可以说是日本的首都了。

大阪府的城市化程度在全国数一数二。人口总数仅次于东京都、神奈川县,居全国第三;人口密度居东京都之后,居全国第二;人口超过10万的城市有22个,居全国首位。

大阪湾位于大阪府西侧,与濑户内海相连,是水上交通要冲。

大阪府三面环山,北部有北摄山地,东侧有生驹山地和金刚山地，南侧有和泉山脉。

从大阪湾直到西面的兵库县都是大阪平原。以琵琶湖为源头的淀川，流经大阪平原，并注入大阪湾。

发源于奈良县樱井市东北部贝平山（海拔822米）附近的大和川，也流经大阪府，最后注入大阪湾。

大阪府全境属于濑户内海式气候，全年温暖湿润，多降水。

由于大阪府三面环山，城市受热岛效应影响明显，尤其夜间温度难以下降，是全国闻名的高温地区。

大阪的冬季并不寒冷，平原地区几年才能看到一次积雪，而且最多只能达到一厘米左右。

大阪城市景观

大阪府的相关数据：

面积：1,905.14 平方千米

总人口：8,838,988 人（截至 2016 年 6 月 1 日）

人口密度：4,640 人 / 平方千米

临近的都道府县：京都府、兵库县、奈良县、和歌山县

大阪府人的性格特点

自得其乐的大阪人

商都大阪、水都大阪、笑都大阪、时装之都大阪……令人无法相信的是,过去天皇曾几次在大阪居住,虽然时间不太长。

根据《记纪》(《古事记》《日本书纪》两书的简称,是日本目前最古老的史书。——编译注)的记载,最初是应神天皇住在大隅宫,然后是仁德天皇住在南波高津宫,钦明天皇住在祝津宫。

史料能够考证的是,实行大化革新的孝德天皇在位(645年—654年)时一直住在难波长柄丰崎宫。高津宫和长柄丰崎宫,虽然名称不同,但地理位置差不多,都位于大阪城南侧一带。

还有奈良时代(710年—794年),营建东大寺的圣武天皇时期(724年—749年),也在这里定都。

大多数人都有同感,大阪在政治、军事、教育等方面做得还不够好。

曾经听过这样一句话："在太平洋战争中，大阪出身的士兵缺乏战斗意识，一心想着能熬过去平安回家，根本没有战斗力。"

大阪的政界也是这样。因为大家认为大阪人善于理财，曾有大阪出身的资深议员当选财务大臣，但最终无法担当大任。大阪人的性格确实不适合丝毫不可大意的政界和生死相搏的战场。

大阪人总是被拿来和东京人比较：不贪图虚荣，遇事总是竭尽全力；不装样子，坦率表达自己的想法……

坦率地讲，每个人的内心都有和大阪人一样的想法。如果按照这种想法生活，简直是再幸福不过的事了。该笑就笑，该哭就哭，喜欢就好。人都能这样想的话，总能逢凶化吉、否极泰来。

总体上，日本人可以分为两类，即大阪人和大阪以外的人。大阪人精力旺盛，因为每天都保持着快乐的心情所以不觉得累。大阪以外的人，过分关注其他人的情绪，难免身心疲惫。

火热的大阪，急性子的大阪人

虽然大阪的位置并不是太靠南，但是很多大阪人经常说："大阪是日本最热的地方。"从气象数据上看，全年超过30℃的天数最多的是九州和冲绳地区，大阪只是它们的四分之三左右。

大阪人这么说，是另有原因。大阪府面积狭小，仅比香川县大一点，但人口密度非常高。而且北、东、南三面环山，面向大海的大阪湾一带，正冲着淡路岛。总之，感觉大阪府像桶一样被四面围着，空气流动不好，再加上大城市的热岛效应，真是苦不堪言。

虽然城市的基础设施建设完备，但是缺乏放松和游乐的场所。不但是地上，空中也被充分利用修成了道路，有些地方已经看不到天了。绿地稀少，满眼都是汽车，居住环境相当恶劣。据调查，当地人的幸福指数居全国最后一名，这个调查结果也充分说明了这一问题。

所以大阪人在生活中无处不在找乐，借此尽可能减少恶劣环境带来的负面影响。

现实环境上的狭窄已经无法改变，大阪人只能致力于缩短人与人之间的心理距离。大阪人和谁都能处得来，和谁都能聊得来，并不在乎对方是否认识自己。

今天我先开口，明天可能是你先打招呼。大阪人不需为这事难为情，真可以称作是极端的合理主义。

经常有人说，大阪人与拉丁人相似，我却不敢苟同。拉丁人的本质用一句话总结，就是西班牙语的"Hasta Ma ana"，意思是"明天吧（明天再说吧）"。明日复明日，大家都这样做，不管后果，未免太过分了。

大阪人则不同，表面上看与拉丁人一样开朗活泼，而他们内心实际想的是用最小的代价争取最大的成果，做到不浪费、不采用无理手段，以达到有效控制。

大阪人的心里不愿意给别人添麻烦，更是根本就没有这种念头。在靠商业立足的大阪，如果有这种想法，恐怕早就破产了。

在狭窄的空间生存，大阪人必须竭尽全力填补空白。彻底消除在空间和时间方面的浪费，这个想法已经深入大阪人的骨髓。开车的时候，与前车保持尽可能小的距离，仿佛距离稍大一点都是损失。电车里相邻的人无拘无束地聊天，仿佛怕浪费一点时间。

大阪人自嘲急性子，急性程度几乎没有人能超过大阪人。步行速度比东京人快，即使上了电梯，脚步也不能停。抢信号灯是家常便饭，很多外地人看到人行横道上显示等待时间的信号灯，都很吃惊。

独乐乐不如众乐乐

大阪人并非什么事都要强行推进。在严苛的环境中生存，不能采用无理手段，更不能忘记休息、娱乐和放松。

如果是放松的话，多几个人结伴要比一个人好，还能提高效率。乍看，这与文明社会理所当然的个人主义相背离，其实这才是成熟的个人主义的体现，即无偿的服务精神。

这一点与美国人非常相似。美国是一个彻底的个人主义国家，但是个人主义并不意味着一个人可以随心所欲。一个人自由快乐的生活，需要与周围的人共享。只有个人生活与社会生活有机结合，个人才能获得自由快乐。

美国人很好地把握了平衡，在与他人共度时，一直注意对方是否高兴，如果对方不高兴，那就考虑怎样做才能让对方高兴。所以会不停地说笑话，不停地考虑下一步要表达的内容。

当然，有时也猜不到对方的想法。但是这样的努力，我认为非常必要。

大阪人在这点不甘人后，而且更加注重平等。不管你是上市公司的老板，还是学校的老师，或者是家庭主妇，或者是打工的大妈，抑或是无家可归的老大爷，大阪人都一视同仁。

只要和其他人在一起，大阪人自然而然地要为愉快地度过这段时光而努力。不过你也会看到这样的场景，一个人在那里发呆，旁边那一个人在没完没了地说。

日本有句俗语："二人交错时彼此衣袖相触，这也是前生的缘分。"对此最有同感的大概就是大阪人了。

饴糖成了最好的交际工具

在大阪，大妈的存在不可或缺。最能体现不做作、本色生活形象的人，就是大阪大妈。

提起大阪大妈，必须说的就是饴糖。大阪的大妈们无一例外，口袋里或提包中都会随身携带糖果。饴糖的价格在一百日元到几百日元之间，从经济性考虑，成本是最低的。

这并不是用来润喉的，而是作为与别人交往的最好工具。一旦有任何不融洽的场面出现时，大妈会立刻从提包中拿出饴糖招呼"来块糖吧"。

如果是有名的西点厨师制作的糕点，大妈的钱包可能难以承受，对方也没法放心地接受。如果只是一块便宜的饴糖，也就无所顾忌了。饴糖的使用被大阪人认为是最现实、有效、合理的交际工具。

大阪大妈们的另一个重要标志，就是豹子图案的服装。虽然腰上有一只虎视眈眈的猛兽，但是大妈的心地还是蛮善良的。

正如这些大妈给人留下的印象，全国都觉得大阪人是最没有个性的了。

电视里能看到的年轻艺人，大阪出身的占绝大多数。大阪人喜欢在大庭广众之下表演。有数据表明奥运会（包括冬季和夏季）上夺取金牌最多的是大阪人。总而言之，这点小事不值一提。

演艺界人数最多的是大阪府和福冈县人。两地的共同特点是，古代开始当地人就与外国有接触，近的如中国、朝鲜及东南亚一带，远的如西班牙、葡萄牙等国。而其他地区的日本人在将近2000年的历史中，只和同地区的人接触，范围更广一些，充其量就是全日本。与之相比，感觉和性格不同也是理所当然的事了。

只有大阪才能出现"指铁炮（用手做出手枪射击的动作）"现象

曾经有一个电视节目，要证明大阪人不凡的服务精神和积极配合的态度，其中有一幕令人印象深刻。

地点是在南桥（指道顿崛、南波、千日前等繁华地区，位于船厂南部。——编译注）一带，是大阪最热闹的地方，那里任何时间都是人来人往。

主持人用手做出手枪的形状，指着并不认识的路人，大声喊"砰",然后看大阪人的反应。

有意思的是,几乎所有大阪人都会做出被击中的样子,并捂着心脏的位置,做出要倒地的样子,嘴里也配合地喊着"啊!啊!"。还有人演技绝佳,东倒西歪,做挣扎状。

接着节目组更换了地方,在东京做了同样的实验。但是绝大多数人根本无视主持人的存在,只有几个人与大阪人有同样的反应。有意思的是,最后调查发现,这几个人都来自大阪。

活泼开朗是大阪人的特点,但是消极保守、不善言谈的大阪人也是有的。

虽然大阪人不贪图虚荣,不装样子,遇事总是竭尽全力,但是能否用插科打诨这种方式表达,还是和个人的性格有关。

如果不顾及这一点,不问时间、场合、对象,对着人"砰"地来一下,有时难免尴尬。同样,遇到大阪人,就让对方来一段笑话,也有点不正常。

但是,大阪人之所以是大阪人,就在于即使是遇到了无礼对待或要求,也不会觉得很受伤。生活中更重要的事情多了,如果为这些事动气伤身太不值了。这种坚定的意志力,也是大阪人通过长期与国内外各色人等交流、贸易培养出的性格。

不论对方如何苛责,大阪人嘴里总是如此答应"是,是,原来如此",其实心里根本不会当回事。

任性的生活方式

不论对方是谁,大阪人都愿意攀谈,有时是为了买东西压价，有时只是和陌生人聊天，大阪人丝毫不吝惜付出精力。

不论与对方有什么交集，都要愉快地度过在一起的时间。说到底，就是服务精神。很多人都是向往这种任性的。因此，其实很多人是羡慕大阪人的。有时候，对于喜欢一个人安静生活的人来说，这多少又有点烦人和郁闷。

从这个意义上看，也就很容易理解从前天皇为什么选择住在大阪了。

与海外交流，一直是大阪重要的财富

曾经作为日本首都的大阪，聚集了全国各地的人才。虽然都是日本人，但是青森县人和鹿儿岛县人之间，语言差别巨大，几乎完全无法沟通。

在狭小的空间里，为了体面，每天端着架子生活非常困难。为了相互保持愉快的心情，在日常生活中实话实说，在严肃的气氛中用幽默的语言缓解大家的压力，这种处事方法已经深入大阪人的骨髓。

大阪人性格开朗，与其他地区完全不同。一方面是因为靠近大海，深受影响，另一方面是通过大海与各种各样的人打交道的历史太悠久了。

堺市与博多（今福冈县）一样，从战国时代起就是贸易港，从海外来的贸易船络绎不绝。与语言、服饰等各方面都完全不同的人打交道，心胸开阔是必须的。

为了赚钱，对商品的优缺点必须有冷静的判断，要敢于坚持主见。

心胸开阔但是冷静威严，每天兢兢业业，大阪的商业才能得以持续发展，城市才能持续繁荣。

大阪市和堺市等大阪府南部地区以上这些特征尤其明显，而丰中市、吹田市、茨木市等地所在的北部地区与兵库县的摄津地区更为接近。就是说，不太擅长与人做生意，对商业保持一定的距离。

在最南部靠近和歌山县的地区，则更加直率坦白。这一地区的人的显著特点是语速快、行动快，电影、电视剧里经常愿意用这种极端性格展开故事。

总之，纯粹的大阪人才能更好地为我们展现大阪人的特点。

大阪府的重要数据和知名人士

大阪府在日本名列第一的几个领域

领域	数值
适宜居住的土地面积比例（2013年）	69.45%
徒步或骑自行车上班、上学的比例（2010年）	27.37%
啤酒产量（2013年）	342,129公升
甲子园高中棒球比赛近10年的胜率（2015年）	69.44%
急救车出动次数（2013年）	540,127次
刑事案件数量（2014年）	162,566件
在日本的韩国人、朝鲜人数量（2015年）	113,408人

大阪府出身的名人

政界：

北侧一雄（堺市）

盐川正十郎（东大阪市）

世耕弘成（大阪市）

松浪健四郎（泉佐野市）

西村真悟（堺市）

商界：

江副浩正（丰中市），RECRUIT控股公司创始人

猿桥望（岸和田市），NOVA公司创始人

鸟井信治郎（大阪市），三得利公司创始人

三岛海云（箕面市），CALPIS公司创始人

文化界：

山中伸弥（东大阪市），医学博士，诺贝尔生理学、医学奖得主

江崎玲於奈（大阪市），物理学家、诺贝尔物理学奖得主

安冈正笃（大阪市），阳明学学者

安藤忠雄（大阪市），建筑师

丹下建三（堺市），建筑师

冈田斗司夫（大阪市），评论家

小田实（大阪市），作家

小松左京（大阪市），科幻作家

堺屋太一（大阪市），作家

司马辽太郎（大阪市），作家

高村薰（大阪市），作家

田边圣子（大阪市），作家

东野圭吾（大阪市），作家

百田尚树（大阪市），作家

筒井康隆（大阪市），作家

山崎丰子（大阪市），作家

大森一树（大阪市），电影导演

山田洋次（丰中市），电影导演

池田理代子（大阪市），漫画家

里中满智子（大阪市），漫画家

手塚治虫（丰中市），漫画家

美内铃江（大阪市），漫画家

大成由子（茨木市），漫画家

神户守（守口市），动画导演

演艺界：

冈田准一（枚方市），V6男子偶像歌唱组合成员

绚香（守口市），歌手

大塚爱（大阪市），音乐创作人、歌手

川中美幸（吹田市），歌手

香西薫（大阪市），歌手

黑俊介（堺市），Kobukuro 音乐组合成员

中村美律子（东大阪市），歌手

平井坚（东大阪市），歌手

吉村由美（寝屋川市），PUFFY 演唱组合成员

和田秋子（大阪市），歌手

柳井爱子（吹田市），音乐创作人、歌手

嘉门达夫（茨木市），音乐创作人、歌手

槙原敬之（高槻市），音乐创作人、歌手

矢井田瞳（丰中市），音乐创作人、歌手

清水翔太（八尾市），音乐创作人、歌手

久本雅美（大阪市），演员

春菜爱（大阪市），演员、歌手

浜田雅功（大阪市），downtown 搞笑组合成员

塚地武雅（阪南市），DRUNK DRAGON 搞笑组合成员

冈村隆史（大阪市），NINETY-NINE 搞笑组合成员

矢部浩之（吹田市），NINETY-NINE 搞笑组合成员

中川刚（守口市），"中川家"搞笑组合成员

中川礼二（守口市），"中川家"搞笑组合成员

又吉直树（寝屋川市），PEACE 搞笑组合成员

冈田圭右（大阪市），"增田冈田"搞笑组合成员

增田英彦（守口市），"增田冈田"搞笑组合成员

赤井英和（大阪市），演员

小泽珍珠（吹田市），演员

川原亚矢子（东大阪市），演员

黑谷友香（堺市），演员

铃木杏树（箕面市），演员

高畑充希（东大阪市），演员

三仓茉莉（大阪市），演员

三仓佳奈（大阪市），演员

桂文枝（堺市），单口相声家

桂 ZAKOBA（大阪市），单口相声家

笑福亭鹤光（大阪市），单口相声家

笑福亭鹤瓶（大阪市），单口相声家

体育界：

桑田真澄（八尾市），棒球训导、棒球评论家

豪荣道豪太郎（寝屋川市），大相扑运动员

势翔太（交野市），大相扑运动员

杉本健勇（大阪市），大阪塞雷佐足球俱乐部成员

本田圭佑（摄津市），意大利 AC 米兰队球员

安田理大（吹田市，）名古屋虎鲸足球俱乐部球员

入江陵介（大阪市），游泳选手

上原浩治（寝屋川市），波士顿红袜职业棒球队球员

大引启次（大阪市），东京养乐多燕子职业棒球队球员

T-冈田（吹田市），欧力士青波职业棒球队球员

黑田博树（大阪市），广岛东洋鲤鱼职业棒球队球员

小岛达也（大阪市），阪神虎职业棒球队球员

达比修有（羽曳野市），德克萨斯骑兵职业棒球队球员

藤浪晋太郎（堺市），阪神虎职业棒球队球员

前田健太（忠冈町），洛杉矶道奇职业棒球队球员

大阪府独有的特色美食

高级料理：乌冬锅

"乌冬锅"是老字号的料理店美美卯在昭和（1926年—1989年）初年研究出来的高级料理。在清淡的汤中，放入鸡肉、鱼贝等海产品、蔬菜、手擀乌冬面烹煮而成。

"乌冬锅"是株式会社美美卯的商标，在全国各地开有分店。所以，其他餐厅即使是推出相近的料理，只能冠以"火锅风格的乌冬"之类的名字了。

原料丰富的大阪寿司

在大阪很容易买到濑户内海出产的各类新鲜海产品。有意思的是，与江户简单的手捏寿司不同，大阪诞生了各种耗时耗力的寿司，比如箱寿司、卷寿司、蒸寿司、散寿司，甚至还有压制的方形寿司。这些统称为大阪寿司，共同特征是原材料要调味，而且外观更漂亮。原料丰富也是吸引人的原因之一，春季使用鲷鱼（加吉鱼），夏季使用黑鱼，秋季使用鲅鱼，各有不同。

大阪人的最爱：御好烧

面食是大阪人的最爱，其中最具代表性的就是御好烧，在关西地区原来称为西式烧烤（像披萨饼），即在小麦粉里加汤、鸡蛋、山芋，搅匀后摊在铁板上，再放上其他食材煎烤。

1920年以后，从东京传来新的做法，就是把面坯与辅料混合在一起煎烤，称为混合烧烤。在大阪，这种做法渐渐成了主流。与关东地区的客人们大多喜欢自己动手不同，大阪的御好烧必须由厨师做好端上来。

之后，御好烧店如雨后春笋般多起来。为了争夺客源而努力改良味道，很多酱汁生产商也在为追求独特味道而不断开发新品种。甚至还有人特意购买了工具在家里制作御好烧。制作御好烧渐渐成了大阪府民的文化。

御好烧真正成名是在20世纪70年代。据说是参加大阪万国博览会的人们品尝之后觉得味道不错，从此名声传遍全国。

狐狸乌冬面

现在各地站台上的小拉面馆都有狐狸乌冬面售卖。关于狐狸乌冬面的发明有各种说法，据说是由船厂的乌冬面馆本铺松叶家（今宇佐美亭松叶家）最早推出的。

1893年，该店开发了在乌冬面里放油炸豆腐的做法，并取名"狐狸乌冬面"。现在该店的入口处立有一块石碑，上写"大阪狐狸乌冬面"。

油炸豆腐，据说是狐狸的美食。在日本，狐狸能保佑生意兴旺发达（相当于中国的财神）。因此，各地都供奉着狐仙。在商都大阪，能想出"狐狸乌冬面"这样有联想意义的名字，一点也不奇怪。

在大阪，提到狐狸，有些事要特别注意。

首先，提到"狐狸"，特指放了油炸豆腐的乌冬面，而不是"狐狸荞麦面"。

再有一点要注意的是，与"狐狸"相对应的还有"狸"。在关东地区，"狸"指的是炸天妇罗后剩下的碎渣，在大阪意思是"切成块儿的炸豆腐"。炸天妇罗的碎渣被称为"海可拉"。

章鱼烧

据说大阪每家都有一套做章鱼烧的工具，真不愧是章鱼烧的诞生地。令外地人惊诧的是，在大阪章鱼烧不仅是零食，还是饭桌上的一道菜。

与御好烧一样，章鱼烧也是面食。制作时，用汤料加鸡蛋和面，然后加入小章鱼段和调味品，烤制而成。一般是直径3—5厘米左右的圆球形状，有些店做得大一些。

章鱼烧源于"小丸子烧"。这也是大阪的特色食品，比章鱼烧小一号，据说最初是把家里剩下的萝卜干、魔芋、豆子等和在面里烤制而成的小吃。

大阪铁刺：河豚刺身

在大阪，河豚被称为"铁炮"（日语中各种枪的统称）。意思是如果吃河豚中毒，和中枪差不多，有点黑色幽默的味道。

还有一种说法，因为有不少人因吃河豚而中毒丧命，有一段时间河豚是被禁止食用的。那些私下交易的人就用"てつ"（日语'铁'的发音）这个词来暗指河豚。

将"铁炮"与"刺身"组合在一起，略称"铁刺"，在大阪就是指河豚刺身。将河豚肉切成晶莹剔透的薄片，在盘子里摆出各种样式，透过鱼肉片可以看到盘子的花纹，令人赏心悦目。蘸着柑橘醋酱油，就着萝卜泥吃，味道绝佳。

秋季到冬季，是食用河豚的最佳季节，可以吃河豚火锅，但是河豚刺身才是上上品。

中国游客不可错过的大阪府景点

少彦名神社

少彦名神社位于大阪市中央区道修町，来此参拜的人众多。人们一般称少彦名为"道修町的神农氏"，是保佑人们健康的神。

神社内供奉的是日本主管医药的神——少彦名和中国古代传说中的神农氏（相传其祖先为炎帝）。

据说神社里出售的"张子虎"护身符有除病驱魔的功效，因此特别受欢迎。相传，1822年大阪瘟疫流行时，这里制作了名为"虎头杀鬼雄黄圆"的丸药，与守护神"张子虎"一同免费发放，因此平息了瘟疫。

"张子虎"之所以成为守护神，还与中国的传说有关。

传说度朔山上有棵巨大的桃树，其中的一根树枝呈拱形垂下，形成一扇天然的大门。那些鬼怪出去作恶都要经过这道门，因此称为鬼门。大帝因此命神荼和郁垒二神去把守鬼门，发现作恶的鬼怪立刻抓来喂老虎。老虎比鬼怪更厉害，人们因此相信有了老虎的守护就不会生病了。

在少彦名神社的网站里也记载了这个传说。

机物神社

机物神社位于大阪府东北部的交野市。5—6世纪，有人从中国渡海来到日本，并带来了养蚕和纺织技术。当时这些人被称为"秦者"，他们祭祀的地方后来成为"机物神社"。"织女星的传说"也诞生于此地。

顺便说一句，交野市的市民宪章（规范市民生活文化的公约）只有一个字"和"，是全日本最短的市民宪章。

吴服神社

吴服神社位于大阪府西部的池田市。

在日本专卖和服的店铺称为"吴服屋"。"吴服"本来是指从古代中国三国的吴国传来的服饰。

《日本书纪》一书中记载，吴织和穴织姐妹俩在当地传授了机织、缝纫等技术。因此，服装加工业者供奉其为神。吴服神社就是祭祀她们的神社。

要说明的是，在伊居太神社供奉的是妹妹穴织，位于山上，所以称为"上宫"；在吴服神社里供奉的是姐姐吴织和仁德天皇，位于街市里，所以称为"下宫"。

国立国际美术馆

1970年，大阪举办万国博览会（世博会）。1972年，日中邦交实现正常化。1974年7月至8月，在原万国博览会的中国馆举办了"中华人民共和国展览会"，当时的分会场就设在万国博览会的美术馆，后改称国立国际美术馆。

1977年该馆正式对外开放，2004年1月闭馆，并搬迁到中之岛（原来的场馆被拆除），同年11月在中之岛重新开放。

与中国各省市结成友好城市的行政自治体

大阪府——上海市

1980年,大阪府知事带领友好访华团访问上海。为促进日中友好发展以及各领域的交流,知事就举办"大阪府及上海市友好交流促进协议会议"与中方达成共识。同年11月,协议会议在大阪举行,双方以开展广泛的交流与合作为宗旨签订了友好关系协议。

大阪市——上海市

日中邦交正常化之后,1973年,京都、大阪、神户三个市的市长访华,1974年中日就大阪与上海建立友好合作关系达成了一致意见。

两市在产业布局、城市规模、在所在国的地位等方面有很多共同点,而且大阪市作为西日本的中心城市,与中国的交往历史悠久。有以上条件做基础,双方的交流进展顺利。1974年

4月，大阪市市长带领约400人的大阪市友好代表团如期访问上海，与上海市相关人士共同举办了友好关系协议的签字仪式。

堺市——连云港市（江苏省）

堺市是一个港口城市。日中邦交正常化之后，堺市一直希望以经济为中心与中国开展交流活动。堺市希望中国的合作城市具有丰富的国际交往经验，并就此与有关方面进行了深入探讨。之后，与中国沿海八个重要港口之一的连云港市开始接触。

堺泉北港与连云港首先建立了港口之间的合作关系，此举进一步促进了两市的交流。1983年12月，堺市与连云港市签订了友好合作协议。

岸和田市——汕头市（广东省）、上海市杨浦区

1985年6月，汕头市环境保护局局长访日之际到访岸和田市，参观了市内的工厂和港口设施，并拜访了岸和田市市长。从此，两地开始了交流活动。之后，交流范围逐步扩大到民间团体和中学之间的交流。

随着双方建立友好关系的条件日益成熟，1989年，岸和田市代表团访问汕头市，双方就正式建立友好合作关系进行协商。1990年6月，两市市长分别签署了协议，双方确立了友好城市关系。

与上海市杨浦区的关系，源于1990年在大阪府举办"国际少年少女合唱节"时，杨浦区与岸和田市的中学生合唱团曾

经共同表演。当时，岸和田市还举办了合唱节交流活动。从那开始，两地之间有了接触交流。直到现在，中学生的互访交流活动还在持续。

2002年10月，双方签订了友好关系协议。

池田市——苏州市（江苏省）

1978年3月，在池田市举办了"日中交流乒乓球大会"。之后，民间对与中国开展友好交流的意愿强烈。1979年，池田市成立了日中友好协会。

正如前文所述，古代中国的吴国人曾将纺织技术带到了池田市。当时吴国的首都就是现在的苏州市。

因为有此渊源，1979年10月，池田市友好访华团访华时，两市之间就建立友好合作关系事宜迅速达成了一致意见。

之后，双方不断开展交流活动并积极协商。1981年6月，终于签订了友好关系协议。

高槻市——常州市（江苏省）

高槻市市长、市议会代表和市民团体组成的考察团数次访华。在众多到访城市中，常州市有着悠久历史与文化传统，吸引了高槻市。两地之间的交流逐渐增多。随着双方的深入交流，两市建立友好关系的条件日益成熟，1987年3月，在日中共同声明发表十五周年之际，两市签订了友好合作协议。

守口市——中山市（广东省）

在守口市从事运输业，并在中山市开办了合资企业的企业主，向当时的守口市市长提议，对中山市进行友好访问。因此1984年双方政府间的交流启动。1986年，中山市代表团访问守口市时，提出了建立友好关系的建议。1987年，以市长为团长的守口市访问团访问中山市之际，双方就建立友好关系事宜进行了协商并达成一致。1988年4月，在守口市，双方签订了友好城市协议。

枚方市——上海市长宁区

在大阪府与上海市结为友好城市之后，枚方市与上海市在教育、文化、体育等领域开展了各种交流活动，特别是与长宁区的关系最为密切。1986年两地的中学之间还建立了合作关系。为了进一步增进两地的相互理解和友好关系，促进两地的发展，1987年，双方签订了友好交流协议。

茨木市——安庆市（安徽省）

1983年，部分市议会议员与市民组成了中国都市考察团访问了中国，并多次与安徽省及安庆市的政府领导进行交流。1984年，安庆市市长的亲笔信送达茨木市，明确提到"相信两市在未来能建立友好合作关系，并希望年内访问茨木市"。随着交流的深化，1985年10月，两市市长分别在友好合作协议上签字。

八尾市——上海市嘉定区

1979年，以八尾市市长为团长的八尾市民各界友好访华团访华。1986年9月，嘉定县县长为首的上海市嘉定县友好代表团访问了八尾市，双方签订了友好协议。

泉佐野市——上海市徐汇区

两地的交往源于有小学生从徐汇区转到泉佐野市市内的小学上学。1984年起，双方从教育领域开始交流，逐步发展到政府层面，并进一步拓展到民间。1994年10月，双方签订了友好城市关系协议。之后，愈来愈多的两地市民在文化、教育、体育、经济、技术等领域开展了更加广泛的交流活动。

富田林市——彭州市（四川省）

富田林市与彭州市的民间交流，如接收中国研修生以及企业间考察等早已开展起来了。在此情况下，1996年9月，彭州市市长访问了富田林市，政府为探寻双方的友好交流之路迈出了重要一步。之后，两市市长带队的访问团多次互访。两市有很多共同点，比如自然环境优越、历史文化悠久等，因此交流不断加深。2002年，双方签订了友好关系协议。

和泉市——南通市（江苏省）

和泉市的传统产业是有"和泉木棉"之称的纺织工业，同样南通市的主要产业之一也是纺织业，因此纺织业成为两市之间开展交流活动的基础。1983年5月，南通市市长访问和泉市时，提出双方建立友好城市关系的建议。之后，双方的交流持续了10年之久。1993年4月，终于签订了友好城市关系协议。

柏原市——新乡市（河南省）

1984年8月，柏原市的青少年合唱团访华，在各地的演出均受到好评。他们的演出不但吸引了中国观众，还吸引了中国很多城市希望与柏原市进一步开展交流活动。通过各方面的协调，柏原市决定与新乡市以建立友好城市为目的开展交流。1990年9月，双方签订了友好城市关系协议。

摄津市——蚌埠市（安徽省）

1980年，摄津市市长访华时到访蚌埠市。在与蚌埠市市长会谈中，双方明确要进一步促进两市的友好交往。之后，两市的互访不断，构筑了相互理解和信任的基础，两市间的友好关系不断发展。1984年5月，两市间的交流结出了丰硕的果实，蚌埠市市长访问日本，双方在摄津市举办了盛大的友好城市关系协议签字仪式。

藤井寺市——黄山市（安徽省）

1987年3月，安徽省屯溪市（今黄山市）的代表团，为寻求日本友好城市考察了藤井寺市。之后，双方开始了交流活动。经过数次政府间互访，构筑了友好关系的基础。1994年11月，双方签订了友好城市合作协议。

六 兵库县

日本唯一一个既临日本海又接濑户内海的县,关西地区面积最大的县。

简　介

兵库县分成六个地区：临日本海地区、山区、大阪附近地区、冈山附近地区、淡路岛和神户市，各个地区的人们性格迥异。在一个行政区内有如此多的不同性格特征，日本国内应该别无二家，兵库县可以说是"样板县"了。

日本海附近地区的人们偏保守，但是热心肠。山区的人们诚实直率、重情重义。大阪附近的人们对新事物的发展动向非常敏感，但是过于斤斤计较。冈山附近的人们和蔼可亲，但是缺乏耐性。淡路岛的人们愿意冒险，但是做事三分钟热度。神户人做事积极但是容易见异思迁。如果居住在兵库县，你将能体会到日本人原来具有如此多样性。兵库人日常接触的人性格多种多样，的确锻炼人际交往能力，突出的交际能力也成为兵库人的重要"武器"。

除关西地区以外，其他地区的日本人基本上把神户等同于兵库县，但是神户其实是兵库县的异类，根本不能代表兵库县。

兵库县距离京都、大阪较近，历史悠久。"兵库"这一名称，源于大化改新（645年）时，在神户市兵库区周边建有众多朝廷的兵器库。

兵库县的与众不同：

①如果走陆路，从北海道到九州必须经过兵库县。

②古墓数量在日本最多。

③日本国内线香产量的70%都是在淡路岛生产的。

④日本标准时间的基准点设于兵库县的明石市。

兵库县的地理概况和气候条件

兵库县是近畿地区所有府县中面积最大的县,北临日本海,南临濑户内海。在本州地区,除位于两端的青森县和山口县,面临两个海的只有兵库县了。

兵库县,由旧摄津国和丹波国的西半部分,以及但马国、播磨国、淡路国的全境,还有美作国和备前国的一小部分组成。准确地说,兵库县跨越了七个旧藩国,成为日本之最。

古代行政区划的"五畿八道"中,兵库县跨了畿内、山阴道、山阳道和南海道四个地区,也是跨地区最多的县。

在南部的平原地区,濑户内海沿岸的阪神工业区和播磨临海工业区,是日本重要的重工业、化学工业地带。与此相对应的是人口密度大。

从中部到北部的地区,多山地和丘陵,以农林水产业为主。有些地区则人烟稀少。中部横亘着"中国山地",交通不便。

县府所在地神户市的人口约153万人,居全国第六位,占全县人口的三分之一多。

兵库县南北气候差异较大。

南部是濑户内海式气候，年降水量较少。夏季炎热，夜晚尤其热；冬季较温暖，沿岸地区和平原地区偶尔有小雨或雨夹雪天气，整个冬天有积雪的情况也就一两次。

北部属日本海式气候。夏季受太平洋高气压影响，经常出现由焚风（由山地引发的一种局部范围内的空气运动形式——过山气流在背风坡下沉而变得干热的一种地方性风。——编译注）现象导致的高温天气。冬季受西北季风影响，多降水天气，而且山区还有强降雪地区。冬春交替的时候，经常出现沙尘天气。

兵库县的相关数据：

面积：8,400.96 平方千米

总人口：5,526,538 人（截至 2016 年 6 月 1 日）

人口密度：658 人 / 平方千米

临近的都道府县：京都府、大阪府、鸟取县、冈山县

兵库县人的性格特点

神户市一枝独秀

兵库县与其县府所在地神户市之间的关系,与神奈川县和横滨的关系相似。

日本国内尤其是东日本地区,将神户市等同于兵库县的人数比预想的要多得多,由此说明兵库县给人留下的印象极为模糊。

神户与横滨一样,从明治时代初期开始,就成为对外贸易的重要窗口。当时,新鲜事物不断涌入国内,神户最先接受,由此成了最前卫的地方。另外,神户与大阪距离较近,因此给当时的日本人留下了更深的印象。

对于现在动辄把神户、京都、大阪统称为"京阪神",并推出"三都物语"之类的旅游项目的做法,神户人不太满意。尽管同样位于东海道山阳新干线沿线,神户人还是对把三个地方等同起来的想法非常困惑。

在关西地区,神户一直是一个异类城市。在神户的"山手区"（指高档区，阪急沿线），街道整齐漂亮，城市中弥漫着高贵、干练的品味，不少人对此应该留有深刻印象。

另外，神户人也有大城市人特有的虚荣心，但是没有东京那么严重。这一点也符合关西地区的特点。

作家田边圣子曾说过，关西人的理想生活是：在京都学习，在大阪赚钱，在神户居住。对此我们非常理解。

当然，神户市内也有平民区（即下町区）。兵库县与京都府、鸟取县相邻的地区（属于旧但马国与旧丹波国）是真正的农村，与神户所在的濑户内海、大阪湾沿岸地区（旧摄津国和旧播磨国的一部分）相比，落差相当大。很多人实地感受后都会慨叹："诶？这里与神户在同个县吗？"

如果遇到一个兵库人，对方来自丰冈（东北部古老的城下町，位于日本海一侧，是野生白鹳最后的栖息地）或出石（今丰冈市，同为城下町，以陶瓷和绉绸等传统产业闻名）等地，或许还会非常惊讶，原来兵库县有些地区位于日本海一侧。

位于濑户内海之中的淡路岛（旧淡路国）也属于兵库县。淡路岛是一个气候温暖的岛屿，当地居民又是另外一种性格。

濑户内海及大阪湾沿岸地区只占全县面积的20%，但是大部分人口的聚集地。地处中国山地的山区和日本海沿岸的狭小平原则占了余下的80%。

兵库县内集合了日本全部的地理要素，地形地势众多，对当地居民产生了各种影响。

不仅如此，江户时代时，兵库县分成16个小藩国，各藩

淡路岛明石海峡大桥

之间不能随意往来。长此以往,对各地居民的性格养成也有一定程度的影响。

易于接受新生事物的摄津国人

摄津国就是现在兵库县的东南部(还包括大阪府的西北部)地区,是兵库县境内最早开拓的地区。

《人国记》中这样描述当地人:"如果能采用恩威并施的方式,当地人就会非常顺从。他们善于随时观察周围的动向并据此决定下一步行动。"可以看出当地人与人和善、大方,与大阪人类似。

正对大阪湾,自然环境平和,生活安定,当地人性格外向,但多老实稳重。

通向奈良、京都、大阪的要道集中于摄津地区，人员物资往来频繁。当地人善于把握信息，进取心旺盛，对新生事物易于接受。

另一方面，因为距离首都过近，当地人非常注意政治动向，很多时候要看好风向才能采取实际行动。

神户市、芦屋市、宝冢市（以宝冢剧团闻名）等城市普遍沉浸在高贵的氛围之中。柿本人麻吕、丰臣秀吉曾经沐浴过的有马温泉就在此地。

具有真正贵族气质的芦屋市

曾经一度，有钱任性的美女形象成为潮流风向标。她们出入于东京的田园调布或成城等高级住宅区，以及青山、麻布、六本木等市中心的超豪华公寓，时不时还要在电视、杂志里秀一秀所谓的奢侈生活。她们使用带着明晃晃商标的奢侈品，乘坐进口高级轿车。奢侈生活也不过如此而已。

真正的高档居所，最起码要有游泳池吧？如果以此为标准，东京都内根本就没有豪宅了，还怎么谈得上有钱任性呢？

相比之下，在芦屋市的高档住宅区，泳池是标配。由于亲戚朋友都是在相同环境下成长的，这里的小姐们根本不觉得有什么特别。也许直到大学时与朋友说起才知道，原来世界上有带泳池和不带泳池的两种房子。

与同时代的女孩子相比，芦屋市的女孩们从小远离杂志等宣传工具，对国外的奢侈品或流行时装不太在行，与流行世界相去甚远，甚至有些老土的感觉。

但是，这些大小姐们使用的首饰和提包都是从母亲或祖母那里继承下来的。这些物品世代相传，从外表看绝非金光闪闪的货色，只要稍有常识的人，都能看出无论做工还是材料都绝非等闲之物。

她们的衣服基本是定制的，与大量生产的工业产品不同，定制服装的品质和风格令人感觉气度不凡。与她们相比，专注于价格高昂的流行奢侈品的美女们，只能被称为暴发户。

一往无前的尼崎市

位于摄津地区的尼崎市，风格则截然不同，可以说是当地的异类。

受相邻县大阪的影响，尼崎人具有商人气质。比起传统与家族的力量，更看重个人的才能和努力。知名喜剧艺人组合的松本人志、滨田雅功，原职业棒球选手江夏圭，专栏作家胜谷诚彦等人都是尼崎市出身。

尼崎市到西宫市（阪神老虎队的主场甲子园球场所在地）南部一带，人们的性格相似，思维方式与大阪相近。职业棒球比赛中凭实力说话一往无前的精神，是这一地区人们性格的真实写照。

这一带的居民并不羡慕神户市或芦屋市的生活，更没有向他们看齐的想法。虽然与神户、芦屋市同属摄津地区，如果我们把这些城市等同看待而流露出羡慕的神情，或者当面奉承他们，反而可能招致不满甚至惹恼他们。

善于经商的播磨人

位于兵库县西南部的旧播磨国地区（因《忠臣藏》故事中内匠头浅野长矩主政的播州赤穗而闻名。——编译注），当地人的性格又与上述几个地区不同。

赤穗四十七义士当时为了给主上报仇，击杀上野介吉良义央。他们想尽了方法才取得成功。不论善恶与否，从中可以看出当地人非常善于组织计划，富于智慧。想到他们，不禁感慨万千。

从摄津到播磨这一带，大海风平浪静，人们性格外向，愿意接受新鲜事物，与人为善，但处事相对圆滑。

这里是山阳道和濑户内海的海陆交通要冲，信息流通快，因此当地人还善于经商。比如他们会把简单的章鱼赋予更高的价值，变成了"明石的章鱼"；并不出奇的松树，在当地成了"高砂松"，成为吉利的象征。

畏手畏脚的但马国

旧但马国人与旧丹波国一样，已经习惯于在苛刻的自然条件中生存，忍耐力极强。

地处山区加上日本海的影响，这一地区日照时间少，当地人不太开朗，畏手畏脚，但不如东北地区日本海一侧居民那么严重。

即使有很好的景色或食品,当地人也不太会宣传,大多时候都无法得到客观评价的结果。他们会认为当地的名品最多是在关西地区有点名气,影响力根本无法发展到全国。

比如拥有 1400 年历史的城崎温泉,就属于这种情况。城崎温泉,历史悠久,是一座宁静的温泉古镇。无论是举办"木车祭"时高贵华丽的场景,还是道旁各具姿态的樱花树和柳树,都给人留下别具一格的印象。

在《古今和歌集》中有咏唱城崎温泉的诗歌。藤原兼辅的诗句:"入夕苍茫夜,周遭黑暗生。妆匣开玉镜,二见海重明。"就出自其中。他在注释中写道:"赴但马国温泉时驻于二见海之地,晚餐后诸人咏歌,感而赋此诗。"这里的但马国温泉指的就是城崎温泉。

无论街道风情还是温泉水的质量,与兵库县南部的有马温泉相比,城崎温泉都毫不逊色。即使有近年兴起的温泉热带动,城崎温泉在全国的知名度依旧不高。

16 世纪起,这里开始盛行制造日本酒。但是酒好也怕巷子深,因不善宣传导致人才和技术流失。在以酒乡闻名的滩区、伏见等地,很多酿酒人都来自但马地区。

无论拥有怎样的美食和美景,由于知名度不高,导致当地经济难以从中受益。人们普遍认为神奈川县因横滨市而受益,但是很难说兵库县因神户市受益。兵库县夹在日本海和濑户内海这两个风格迥异的大海之间,至今没有享受到相应的恩惠。

兵库县的重要数据和知名人士

兵库县在日本名列第一的几个领域

领域	数值
中华料理店消费金额（2012年）	11,118日元
日本酒（清酒）的产量（2013年）	133,866千升
25岁以上打乒乓球的人数（2011年）	167,000人

兵库县出身的名人

政界：

　　石原慎太郎（神户市）

　　小池百合子（芦屋市）

　　千景（神户市）

土井多贺子（神户市）

丸川珠代（神户市）

商界：

井植岁男（淡路市），三洋电机创始人

牛尾治郎（姬路市），牛尾电机公司创始人

田路舜哉（宍粟市），住友商事创始人

工藤恭孝（神户市），纯久堂书店创始人

中部几次郎（明石市），MARUHA大洋渔业公司创始人

西和彦（神户市），株式会社ASCII创始人

三木谷浩史（神户市），乐天创始人

横河民辅（明石市），横河电机、横河桥株式会社创始人

文化界：

浅田彰（神户市），经济学者、哲学家

池内纪（姬路市），德国文学家

河合隼雄（篠山市），心理学家

野依良治（芦屋市），化学家、诺贝尔化学奖得主

横尾忠则（西胁市），平面设计师

我孙子武丸（西宫市），作家

久坂叶子（神户市），作家

清凉院流水（西宫市），作家

田萌（加西市），连环画作家

东君平（神户市），连环画作家、童话作家

前田阳一（TATSUNO 市），电影导演

舛田利雄（神户市），电影导演

松山善三（神户市），电影导演、编剧

井上由美子（神户市），编剧

尼子骚兵卫（尼崎市），漫画家

矢泽爱（尼崎市），漫画家

横山光辉（神户市），漫画家

西牧秀夫（尼崎市），动画导演

水谷贵哉（尼崎市），动画导演

三枝成彰（神户市），作曲家

川岛令三（芦屋市），铁路评论家

田山力哉（神户市），电影评论家

木村奈保子（神户市），电影评论家

花森安治（神户市），杂志编辑

胜谷诚彦（尼崎市），专栏作家

宫岛茂树（明石市），报道摄影师

演艺界：

相武纱季（宝塚市），演员

浅野裕子（神户市），演员

芦田爱菜（西宫市），演员

有村架纯（伊丹市），演员

上野树里（加古川市），演员

北川景子（神户市），演员

笹野高史（淡路市），演员

杉良太郎（神户市），演员

大地真央（洲本市），演员

堺雅人（神户市），演员

檀丽（新温泉町），演员

堤真一（西宫市），演员

户田惠梨香（神户市），演员

生濑胜久（西宫市），演员

古田新太（神户市），演员

南果步（尼崎市），演员

森山未来（神户市），演员

石野真子（芦屋市），演员

堂本光一（芦屋市），"近畿小子"男子偶像歌唱组合成员

松浦亚弥（姬路市），歌手

南野阳子（伊丹市），歌手

上岛龙兵（丹波市），鸵鸟俱乐部搞笑组合成员

名仓润（姬路市），海王星搞笑组合成员

东野幸治（宝塚市），演员

门多赖命（神户市），音乐创作人、歌手

植村花菜（川西市），音乐创作人、歌手

小松未步（神户市），音乐创作人、歌手

平松爱理（神户市），音乐创作人、歌手

托塔斯松本（西胁市），"糊里糊涂"歌唱组合成员

体育界：

金刃宪人（尼崎市），东北乐天金鹰职业棒球队球员

坂本勇人（伊丹市），读卖巨人职业棒球队球员

田中将大（伊丹市），纽约洋基职业棒球队球员

能见笃史（丰冈市），阪神虎职业棒球队球员

松叶贵大（姬路市），欧力士青波职业棒球队球员

森本龙弥（尼崎市），北海道日本火腿斗士职业棒球队球员

山田哲人（丰冈市），东京养乐多燕子职业棒球队球员

坂本诚志郎（养父市），阪神虎职业棒球队球员

岩波拓也（神户市），神户威塞尔职业足球队球员

内田达也（宝塚市），大阪钢巴职业足球队球员

冈崎慎司（宝塚市），莱斯特城足球俱乐部球员

香川真司（神户市），多特蒙德足球俱乐部球员

神明田智（神户市），名古屋虎鲸足球俱乐部球员

兵库县独有的特色美食

美食家拍案叫绝的鲷鱼料理

鲷鱼是高级食材,在明石海峡捕捞的鲷鱼称为"明石鲷鱼",以新鲜和味美著称。明石海峡有上好的虾和螃蟹可以作为鲷鱼的食物。此外,海峡地区汹涛骇浪,变相磨练鲷鱼的肉质,使其更加紧实。

制作时,可以盐烤、涮锅,还可以制成土锅鲷鱼米饭,每一样都令美食家叫绝。有些饭店还推出了"鲷鱼会席料理",可将一条鱼从头到尾做成各种菜品。

别有风味的玉子烧

闻名全国的"明石烧"看上去和"章鱼烧"没什么区别,只是在制作过程中大量使用鸡蛋,使味道更加鲜美。在明石当地称为"玉子烧"。

制作玉子烧时,除使用小麦粉做原料,还要加入大量的小麦淀粉，当然少不了明石当地产的章鱼。使用热传导效应很好的铜制烤盘烤制。烤完后，将其盛在平平的木制盘子里，浇上汁儿，口感松软。有些店里，还要加鸭儿芹做佐料，吃起来别有风味。

牛肉中的奢侈品：神户牛肉

神户牛与松阪牛(三重县)、近江牛(滋贺县)或者米泽牛(山形县)并称"日本三大和牛"。

兵库县出产的但马牛牛腿肉中，达到口感最佳标准的一部分称为"神户牛肉"，是牛肉中的奢侈品。比较有意思的是没有"但马牛"的叫法。

神户牛在国外特别是在欧美各国广受欢迎。

中国游客不可错过的兵库县景点

孙文纪念馆

当地人为纪念发动辛亥革命的孙文（孙中山）的功绩，1984年在神户市垂水区的舞子公园设立了孙文纪念馆。

这里属于商人吴锦堂的"松海别墅"的一部分。1913年，孙文一行访问神户时，八角"移情阁"曾作为欢迎会的会场使用。

该建筑于1915年建成，是日本现存最古老的混凝土砖石结构建筑物，被列为国家级重点文物。

建筑内部的墙面，装饰着金唐革纸（18世纪中期，欧洲皮革质壁饰传入日本。平贺源内运用当时的木板雕刻、金银箔、漆等工艺本土化复刻了这种有立体感的欧洲壁饰。常用手法是将15-20厘米的和纸铺在木雕版之上反复敲打，定型后衬上锡箔，涂以金漆，最后彩绘凹处图形，保留浮雕部分的金色。——编译注），馆内展示有孙文的著作以及遗物等重要资料，还有孙文手书的"天下为公"石碑。

太阳公园

太阳公园位于峰相山（姬路市）山脚下，自然环境优越，汇集了世界各地的文化遗迹，是宣传石头文化的大型主题公园。

值得一看的有：绵延两公里的万里长城复制品，兵马俑发掘现场复制及密集排阵的1000多个兵马俑复制品，紫禁城和天安门广场等中国知名景点复制品。

另外，法国巴黎的香榭丽舍大街、戴高乐广场的凯旋门，埃及的金字塔等知名建筑的复制品一应俱全。当地人不用出国就可以体会到各国风情。

淡路世界公园 Onokoro

淡路世界公园 Onokoro 位于淡路岛上，从神户市内开车出发经明石大桥就可到达。园内展示了世界各地知名建筑的微缩景观，如中国的长城和天坛。

公园里的仿真建筑长城具有非常强的震撼力，微缩天坛景观制作精巧逼真。

与中国各省市结成友好城市的行政自治体

兵库县——广东省、海南省

在日中邦交正常化即将迎来十周年之际,为增进友好关系,1981年,兵库县知事与居住在兵库县境内的华侨领袖一同访问了广东省。

在与广东省省长的会谈中,双方就建立友好关系达成了一致意见。1982年8月,以知事为团长的兵库县民之船广东省友好访问团赴广东省,双方交换了备忘录。1983年3月,广东省友好访问团到访兵库县,双方签订了友好城市关系协议。

海南省原来是广东省下属的一个行政区,1988年4月升级成为海南省。为了保持两地的友好关系,1990年9月,兵库县与海南省单独签订了友好合作协议。

神户市——天津市

在1972年日中邦交正常化实现之前,神户市就与中国有了多方面交流。

20世纪30年代，中日贸易量的30%～40%都是在神户港实现的。众多的华侨在神户市经营工商业并融入了当地社会。总数超过8000人，为神户市的国际化做出了重要贡献。在此背景下，神户市设置了中国领事馆。因此，神户市一直希望尽早实现日中两国关系正常化，还希望中日两国城市之间建立友好合作关系。

在中日邦交正常化之后，神户市市长带领日中友好青少年游泳访华团访问了中国，并受到周恩来总理的接见。

1973年5月，神户市友好访中代表团访问天津。为两国人民世代友好发展，双方商定在互惠平等原则的基础上从可能实现的地方入手，切实推进建立友好城市关系。同年6月，作为京阪神三市市长友好访华团的一员，神户市市长访华，参加了在天津市人民礼堂举行了友好关系协议签字仪式。

七年后，1980年8月，神户港与天津港还签订了港口间共同合作的协议。

姬路市——太原市（陕西省）

1984年，太原市考察团携带着市长的亲笔信访问了姬路市，邀请姬路市派遣考察团访问太原市。之后，两市间多次相互考察和协商。1987年5月，签订了友好关系协议。

尼崎市——鞍山市（辽宁省）

1950年起，尼崎市就与中国建立了经济往来。1966年，尼崎市经济友好团访问了鞍山市。之后，青少年、经济界、市议会等市民和团体相继访问鞍山市，积极构筑友好基础。1978年，尼崎市少年音乐友好使节团访问了鞍山市，双方建立友好合作关系的条件日趋成熟。

在中日关系正常化之后，尼崎市日中友好都市促进会议于1981年访华，开始积极推进建立友好关系事宜。同年10月，鞍山市副市长率经济考察团访问了尼崎市。

在不断交往中，1982年6月，两市市长就建立友好合作关系事宜达成一致意见。1983年2月，双方签订了友好合作协议。

明石市——无锡市（江苏省）

1973年，当时的明石市市长作为地方自治友好访华团的一员访华。明石市的市民代表、教职工、市议会议员、企业代表接连访华，与中国建立友好合作关系的条件日趋成熟。

1980年，明石市市长与无锡市市长分别率代表团访问对方。1981年8月，双方建立了友好城市关系。

西宫市——绍兴市（浙江省）

西宫市和绍兴市都是"酒乡"。1979年10月，西宫市各界友好访华团访问了绍兴市。1983年，西宫市议会议长通过中国总领事馆提出了与绍兴市建立友好合作关系的建议。同年10月，西宫市市长拜访了中国大使馆，正式表明了缔结友好关系的意愿。

1984年4月，市议会议员组成的代表团访问了浙江省和绍兴市人民政府，并向中日友好协会总部也表达了希望对建立友好和平关系给予协助的请求。同年8月，绍兴市市长一行访问了西宫市，通过双方互访等进一步交流活动。1985年7月，在西宫市双方签订了友好合作关系协议。

伊丹市——佛山市（广东省）

1984年，伊丹市为与海外城市建立友好关系，召开国际姐妹城市提携恳谈会，会议的结果是广东省的佛山市成为首选目标。在此之前，兵库县与广东省已经建立了友好关系，因此，伊丹市与兵库县政府一同向广东省政府提出了意向。

1984年8月，伊丹市的市长助理、市议会副议长、市民代表组成代表团首次访问了佛山市。通过互访，双方增进了相互理解，构筑了建立友好关系的基础。1985年，伊丹市市长、市议会议长、经营者协会会长决定进一步加强与佛山市的经济交流。同年5月，双方签订了友好关系协议。

淡路市——义乌市（浙江省）

义乌市的经济支柱是日用百货类小商品的生产，产品销往世界各地。民间企业因此向淡路市推荐了义乌市。2010年起，两市为促进共同发展，在经济、旅游等各方面开展了政府和民间的交流活动。

随着双方逐步增进信任，为促进双方关系的进一步发展，建立友好合作关系一事提到了议事日程。2014年7月，两市签订了友好城市关系协议。

播磨町——天津市和平区

1990年，在播磨町中央公民馆参加汉语讲座的学生们，与当地企业接收的中国研修生开始了相互交流。1991年，派遣公司的总经理为鼓励研修生努力工作访问日本，拜访了播磨町。同年，播磨町议会部分议员成立了"日中友好播磨町议会议员联盟"。

1992年、播磨町町长、议长、联盟议员、汉语圈的学生等20人访问了天津市和平区。之后，议会成立了"友好都市提携调查特别委员会"，日中双方的友好氛围进一步提高。同年11月，町长、议长、友好都市调查特别委员会等11名成员正式访问和平区。1993年3月，双方签订了友好城市关系协议。

七 冈山县

拥有"晴天王国"、"水果王国"之美誉。

简 介

在一般人的印象中，冈山市、仓敷市、玉野市等濑户内海沿岸地区属于关西地区，但其实这些地方所在的冈山县属于中国地方（也叫作山阳山阴地区，是日本八大地区之一，包含鸟取县、岛根县、冈山县、广岛县、山口县。——编译注）。产生这种误会的原因大概有两个：一是从地里位置看，冈山县与关西相邻；二是当地人的思想确实更偏向大阪。

冈山县的历史发展一直与大阪关系密切，经济发达，农业和制盐业起步非常早。冈山县地处交通要道，国内外运往京都的物资必须经过此地，各种信息在此交汇。在与难缠的大阪商人频繁接触中，冈山人不断磨练并养成了理论至上的思考方式。很多人慨叹与冈山县人发生口角时，根本无力还嘴。

冈山人很爱学习，江户时代（1603年—1867年）冈山境内的私塾数量在全国数一数二。

冈山人独立性强，这方面从一件小事就可以看出来：坚持在炸猪排饭里加沙司；不轻易追逐流行事物；坚决反对浪费。

冈山县与同属中国地方的广岛县有着强烈的对抗意识，但并不是想争夺中国地方的中心地位。这可能也是冈山县人某种性格的表现吧。

冈山县的与众不同：

①全国的校服约有 80% 产自冈山县。

②降雨量不足 1 毫米的天数居日本第一。

③日本第一条牛仔裤诞生于旧儿岛市（今冈山县仓敷市）。

冈山县的地理状况和气候条件

冈山县位于中国地方东南部,南部临濑户内海,北部占据着中国山地的一部分。古时冈山县所在地区与现在的广岛县东部、香川县的岛屿部、兵库县西部共同组成了吉备国,境内有古坟文化(大和朝廷的统一国家在公元 4 世纪已经定成,因在这个时代出现了许多高冢式的坟墓,所以称为古坟时代。——编译注)遗址。

明治维新(1868 年)废藩置县之后,原来的吉备国东部地区被划给了兵库县,西部地区被划给了广岛县,由旧备前国与旧备中国、旧美作国组成了现在的冈山县,1963 年最终确定现在的划界。

位于冈山县南部的冈山平原是这里的交通要道。古代时,濑户内海中有数座小岛,因洪水、土沙堆积以及填海造田等原因,最终与陆地连成一片,形成了现在的冈山平原。另外儿岛半岛也是排水造陆后与本州连为一体的。现在濑户内海里还分布着 90 余座大小岛屿。

横跨濑户内海的濑户大桥于1988年完工，将仓敷市和香川县坂出市之间的各个岛屿连接了起来。濑户大桥是座公路铁路共享桥，由10座各式桥梁连结组成，跨度可谓世界第一。

冈山县北部的山地，是境内旭川、高梁川、吉井川三条大河的水源地。当地有蒜山（海拔1122米）、后山（海拔1345米）等高山，以及具有钟乳洞喀斯特地貌特征的吉备高原。

首府所在地冈山市，位于冈山县南部，属典型的濑户内海式气候，正如冈山县的宣传口号"晴朗的冈山"表达的那样，这里晴朗天气居多，日照时间长，年平均日照时间多达2000小时。当地积极发展太阳能发电，能源效率比全国平均水平高了16%。

晴朗天气多，当然雨水就会少。冈山县南部地区的年降水量大约在1000毫米左右，是全国降水量较少的地区。年平均降水天数为71天，居全国第44位（2010年数据统计）。降水量超过1毫米的天数，居全国最低。

冈山县北部山地属日本海式气候，有时冬季气温会降到-10℃以下。不少时候积雪可达一米，属强降雪地区。虽然冈山被称为"晴朗之国"，但是有些时候还是不得不与严峻的自然环境作斗争。

位于冈山县中央位置的吉备高原，地处内陆，气候兼具北部和南部的特点。夏季比南部凉爽，雨水较多，冬季不像北部那么寒冷。

冈山县的相关数据

面积：7,114.50 平方千米

总人口：1,917,299 人（截至 2016 年 6 月 1 日）

人口密度：269 人 / 平方千米

临近都道府县：兵库县、鸟取县、广岛县、香川县

冈山县人的性格特征

当地的气候和水土培养了冈山县人开朗、外向的性格

当初山阳新干线开通的第一段就是新大阪站到冈山站，两地之间用时不到一小时，距离非常近。

虽然冈山县是中国地方的一部分，但是棒球职业联赛阪神虎队（主场为大阪）经常在仓敷市马斯喀特体育场举办活动。由此可以看出，关西文化对于冈山县有着深刻的影响。在当地人的意识里，更倾向于把冈山看作大阪、兵库、京都所在的关西地区的一部分。

冈山县南部面向濑户内海，与兵库县的播磨地区一样，人们的性格开朗外向。特别是东部的旧备前国地区，这种倾向尤为明显。

由于中国山地阻挡了冬季的寒风，夏季濑户内海对岸的四国山脉防止了台风的侵袭。受益于优越的自然环境，没有经历过大自然的残酷，冈山县人养成了大大咧咧的性格。

在古代，冈山县与旧备后国（广岛县东部）一同被称为吉备国，在当时具有相当的实力，与畿内（现在的大阪府、京都府、奈良县、兵库县的一部分）和出云国势均力敌。原因是当地人从古代开始就拥有了优良的制铁技术，生产工具相对先进。而且，这一地区地处交通要冲，人员往来密集，对外交流机会多，当地人更懂得世故。

从经济方面来看，由于冈山距离商都大阪较近，这里的人也擅于经商。这很容易理解，如果对手是难缠的大阪商人，肯定要时刻保持警惕，不敢有丝毫马虎，天长日久，自己的经商能力也就锻炼出来了。因此，即使是不临海的山区的人，也极具商人的敏感性，并不像想象中的那么淳朴。

关于这种现象，《人国记》中有过记载："不论地位高低，当地人都很聪明，他们会先充分了解情况，然后才考虑处理方法。但是说的与做的十之五六不一致。另外，当地人还擅于谄媚。"

这本来是在温暖的临海地区生活的人们的共同点，但是处世精明这个特点，冈山人更突出。

这样的性格特征，确实符合关西的特点。如果不是关西地区曾长时间作为首都，大约冈山人的精明也就无从谈起了。

古代开始，冈山县就位于水陆交通的要冲，由此培养了冈山县人见机行事的特点，以及尽早地正确预测事务发展趋势的本领。另外，冈山人对新生事物的兴趣极其浓厚，富有进取精神。

从不夸耀自己家乡是因为冈山人太聪明了？

直到江户时代（1603年—1867年），冈山县的北部一直是由旧美作国管理。这一带基本在中国山地以及附属的高原地带范围之内，但是当地人并没有山区人民的精神淳朴。

《人国记》中对此也有记载："一百人中九十人做事不讲礼义、欲望过多。""不逞强好胜。一旦有问题，就会引以为戒，并一定最大限度地想办法去解决。"

当地人擅于以全新的理念和方法迎接挑战，而不是一成不变走安逸的道路。这一带牛仔裤产量位于全日本第一，主要就是因为设计风格不段变化，材料大胆创新。

像奈良时代（710年—794年）的学者、政治家吉备真备（出生于中国），以及从奈良时代到平安时代（794年—1185年）活跃的官僚、提议平安迁都的和气清麻吕（备前国出身）那样，从冈山提拔到中央政府权力中枢的人不在少数。

需要稍加说明的是，古代从学者出任中央政府大臣的，日本历史上只有吉备真备和菅原道真两人。

战国时代（1467年—1590年），在西日本的大名中，备前出身的宇喜多秀家是最早追随丰臣秀吉的，他参与过平定四国、九州，征讨关东小田原，立下赫赫战功，最终成为五大老之一。

还有被称为剑豪的宫本武藏（美作国出身），他从不炫耀，做事竭尽所能，绝不半途而废。

现在的冈山市出身、曾任经团连（日本经济团体连合会）会长的财经界大佬光敏夫（历任石川岛播磨重工业社长以及东芝社长）也非常符合冈山人的特点。

光敏夫日常不重视外表，也不追求奢侈生活。1981年，时任首相铃木善幸邀请他担任第二次临时行政调查会会长时，他当即提出了包括在不增税的前提下实施新财政政策等四个条件。不论对方是谁，都要清楚地表达自己的意见而且绝不妥协，这就是冈山人的性格特征。

虽然宇喜多秀家和宫本武藏的时代还没有冈山县，更不能称他们是冈山县人，但是他们与现代冈山人息息相通。

尽管有如此才能和长处，但是基本没见过冈山人夸耀自己的家乡。冈山人天性不善宣传，缺乏表现欲。

欺骗他人或乘人之危的事情当然不能到处宣扬，但是冈山自卑弥呼时代开始发展而来的悠久灿烂的文明，还是可以理直气壮地宣传一番的。

高素养是冈山人的传统

冈山县是全国屈指可数的教育强县。

江户时代，备前、备中、美作三国的寺子屋（是寺院开办的主要以庶民子弟为对象的初等教育机构，提供类似现代的小学教育）数量，位列信浓国（今长野县）、长门国及周防国（今山口县）之后，居第三，私塾数量则排到了第一（出自《日本教育史资料》）。现在，冈山县大学数量（每10万人）在全国排第四位，短期大学数量（每10万人）排全国第三（2014年数据统计）。

一般冬季降雪多的地方，因为户外活动不便，只好在家里读书学习，进而养成喜欢学习、渴求知识的习惯。

但是冈山县位于气候温暖的地方，当地人也有这种习惯。这大约和冈山人喜欢讲道理、好争辩有关系。

在此基础上，在自古以来与各地人交往之中，冈山人也逐步认识到了学习的重要性。对外交流对当地人性格的影响之大可见一斑。

但是无论条件再好，如果没有足够的才智和敏锐的感知能力，一切都可能不了了之。幸运的是，冈山人具备了以上条件从而促进了自身的发展和进步。冈山县虽然人口不多，但是杰出人物辈出。不知道这与头脑聪明有多少关系，也无法从理论上分析。

冈山县诞生了众多的宗教大家。

镰仓时代（1185年—1333年）诞生的新佛教中，临济宗的开山始祖容西、净土宗的开山始祖法然都是此地人士。进入江户时代末期，金光教、黑住教等神道系的新宗教也曾在县内兴盛一时。

现在冈山县内有强烈宗教信仰的人不像想象的那么多，但是信仰天台宗、真言宗等教义复杂一般人难以理解的宗教的人比例很高，居全国第二（出自NHK全国县民意识调查）。

这大约符合冈山人有极强自信心的性格特征。在同一个调查中，认为应该"在年长的人面前，适当控制自己，尊重对方意见"的冈山人是全国最少的。认为"很多时候，尽管自己有想法，如果自己处于不利地位就不说了"的人的比例在全国倒数第三。

还有就是冈山人不盲目地与亲戚、邻居、单位同事或因工作有联系的人进行攀比，这是理智的表现之一。

此外，认为"男女之间有能力差别""日本是很好的社会""对政府和政治比较满意"这几项，从全国统计来看，冈山有这种想法的人数量并不多（出自NHK全国县民意识调查），可以充分说明冈山人愿意接受改革的思想，这一点比一些大城市还要明显。

冈山人心系关西

冈山县的不幸之处在于虽然受到关西文化的强烈影响，但是地理上不属于关西地区。

东京人可能以为全国各地所看到的电视节目都一样，但实际上地方电视台的节目更加丰富。

冈山县当地电视台播放的节目包括主要电视台（日本电视台、TBS、富士电视台、朝日电视台、东京电视台）制作的标准语言类节目，还有大阪地区电视台制作的关西方言类电视节目，还有就是自己制作的使用冈山方言的电视节目。其中关西方言的节目占主流地位。可以说冈山的小孩子们是在关西文化氛围中成长起来的。

通过耳濡目染，冈山的孩子们不但从小习惯了听关西方言，还能没有任何障碍地读关西方言，甚至可以讲准确的关西方言。

长大后，报考大学时冈山人首选当地院校，第二位的不是东京的大学而是选择关西地区的大学。冈山人心中向往的是大阪和神户这样的城市，对关西可谓情有独钟。

但是，不论对关西有什么样的好感，遗憾的是冈山县只能属于中国地方并不能划在关西地区范围内。这大概是冈山人永久的痛。

看上去冈山县也并没有在中国地方争第一的打算，似乎冈山人可以接受居广岛之后的现实。但是仔细品味后，你会觉得位于关西地区与中国地方之间的冈山，似乎更强调自己的独立性。"冈山就是冈山，我们是唯一的"才是冈山人的真实想法，这一点倒是很符合冈山的性格特征。

冈山县重要数据和知名人士

冈山县在日本名列第一的几个领域

领域	数值
电磁炉的普及率（2009 年）	34.6%
亚历山大麝香（地中海沿岸国家出产的白葡萄品种）的产量	1,210 吨
校服的市场占有率	64.8%

冈山县出身的名人

政界：

　　江田五月（冈山市）

　　片山虎之助（笠冈市）

日笠胜之（津山市）

桥本岳（总社市）

商界：

大原孙三郎（仓敷市），仓敷中央医院、大原美术馆创立者

福武哲彦（冈山市），倍乐生商贸集团创始人

文化界：

田嶋阳子（浅口市），英语学者、女权主义者、女学者

小川洋子（冈山市），作家

重松清（津市），作家

岩井志麻子（和气町），作家

高嶋哲夫（玉野市），作家

山尾悠子（冈山市），作家

浅野敦子（美作市），作家

小手鞠琉依（备前市），诗人

竹久梦二（濑户市），画家

一条YUKARI（玉野市），漫画家

石井寿一（玉野市），漫画家

岸本齐史（奈义町），漫画家

寺田克也（玉野市），插画家

演艺界：

佐藤浩树（里庄町），单口相声演员

小田切让（津山市），演员

宅麻伸（玉野市），演员

鼠前辈（赤磐市），演员

岛田洋八（笠冈市），B&B 组合成员

水道桥博士（仓敷市），演员

葛城雪（高梁市），音乐家

中西圭三（冈山市），音乐创作人、歌手

体育界：

辰吉丈一郎（仓敷市），拳击选手

渡边二郎（矢掛町），拳击选手

上刚史（冈山市），东京养乐多燕子职业棒球队球员

大村三郎（冈山市），千叶罗德海洋职业棒球队球员

冈大海（仓敷市），北海道日本火腿斗士职业棒球队球员

龟泽恭平（津山市），中日龙职业棒球队球员

竹原直隆（冈山市），埼玉西武狮职业棒球队球员

野村佑辅（仓敷市），广岛东洋鲤鱼职业棒球队球员

野本圭（冈山市），中日龙职业棒球队球员

福井优也（西粟仓村），广岛东洋鲤鱼职业棒球队球员

藤井皓哉（笠市），广岛东洋鲤鱼职业棒球队球员

星野大地（冈山市），福冈软银鹰职业棒球队球员

渡边雄贵（冈山市），横滨海湾星职业棒球队球员

儿山祐斗（总社市），东京养乐多燕子职业棒球队球员

川相昌弘（冈山市），读卖巨人职业棒球队教练

星野仙一（仓敷市），原东北乐天金鹰职业棒球队教练

有森裕子（冈山市），体育解说员、前马拉松选手，奥林匹克奖牌得主

森末慎二（冈山市），体育解说员、前体操选手，洛杉矶奥运会金牌得主。

冈山县的风味美食

散寿司

　　散寿司是什锦寿司的一种，使用新鲜的海产品和应季蔬菜做原料，色彩丰富。多在过节或祝贺场合招待客人的宴席上使用。

　　散寿司的诞生，源于江户时代初期的节约令。1668年，冈山藩主池田光政曾颁布节约令，规定招待客人只能用两菜一汤。于是大家都认为，藩主招待客人只能用两菜一汤，一般百姓只能是一菜一汤了。

　　接下来发生的事情颇具冈山特点，冈山人开始考虑如果用鱼和蔬菜制作寿司，就可以不算菜品了，于是在米饭中加入这些材料制作寿司。

　　现在全国各地的什锦寿司多种多样，冈山的散寿司以原材料多和个大而闻名。

　　有意思的是，池田光政颁布节约令的6月27日，现在被日本纪念日协会登记为散寿司纪念日。

盐烤鲷鱼

濑户内海沿岸过去制盐业发达。据说当时在盐田劳作的人们将捕捞的鱼放入煮盐的大锅中蒸烤后食用，这就是盐烤鲷鱼的起源。

将鲷鱼放在厚厚的盐上，再覆盖一层盐粒，架在火上烤制。这种特殊制作方法使盐烤鲷鱼广为人知。

据说从前的"盐烤鲷鱼"是一道高级菜品，曾作为贡品献给藩主，并且作为特产赠给其他藩国。

青花鱼

味道清爽的青花鱼，小刺很多，可以盐烤、油炸、或制成刺身食用。

值得一提的是，可以用醋腌制不但软化鱼刺还是不错的美味。据说因为作为下饭菜过于可口，经常导致自家米饭不够，不得不去邻居家借米饭。由此出现当地方言中将沙丁鱼称为"妈妈卡里"（意思是因为太好吃拧着头皮去借）这种组合词。

中国人不可错过的冈山县景点

后乐园

后乐园与兼六园（石川县金泽市）、偕乐园（茨城县水户市）并称日本三大名园。位于冈山城对岸（隔流经冈山市内的旭川）的中州。原称为后园"或"御后园"，1871年对外开放时改称"后乐园"。中国宋代范仲淹的名著《岳阳楼记》中有名句，"先天下之忧而忧，后天下之乐而乐"即"先忧后乐"，因此得名。

当初是冈山藩的第二代藩主池田纲政命冈山郡的长官津田永忠修建，耗时14个月于1700年完工。

园内以藩主待客的延养亭为中心，借助冈山城以及周边的山丘为衬托，是一座池泉回游式庭园。

冈崎嘉平太纪念馆

为日中友好贡献了毕生精力的冈崎嘉平太的出生地是旧贺阳町（今吉备中央町）。冈崎嘉平太纪念馆就坐落于此地的"吉

后乐园一角

备广场"建筑内。

在日本与中国处于战争状态的1939年,冈崎嘉平太作为华兴商业银行的理事赴上海工作。后来参与了战后日本人撤退时与中国方面的交涉。

之后,他热心推进中日两国之间的经济交流,1954年就任日本国际贸易促进协会常任委员。1962年作为LT贸易(又称备忘录贸易。指的是1962年中华人民共和国和日本之间以《中日长期贸易综合协定》为基础,在两国没有正式邦交的情况下,互相建立联络处,利用政府担保的资金进行的半官方半民间的贸易活动。最鼎盛时期,该项贸易占到了中日贸易总额的一半。中方代表是廖承志、日方代表为高埼达之助。"LT"来自两人英文名的首字母,1968年后改称MT贸易。——编

译注）考察团的副团长访华，成功地为日中之间架起了合作桥梁。因此受到周恩来总理的重视。

据说在1972年日中邦交正常化前的一次会面中，周恩来总理曾当面称赞他："中国有句古话'吃水不忘挖井人'，中国与日本实现关系正常化，挖井的正是您啊。"

在日中两国建交之后，冈崎嘉平太作为日中经济协会的常任顾问积极推进双方贸易发展，毕生101次访华，被授予河南省洛阳市的荣誉市民。

在纪念馆的展览室中陈列着冈崎嘉平太访华时的纪念品以及本人的著作和日记等资料物品。因为他还曾经担任全日空公司的社长，所以陈列有飞机模型等相关物品。

真备公园

为促进日中两国文化交流，1986年5月，在中国西安市建成了日本庭园以及吉备真备纪念碑，同年10月在仓敷市落成了一座中国风格的公园，即真备公园。园内有六角亭、牌楼、安置有龙头，种植了中国的楷树、柳树、和梅等树木。另外广场中还立有一座与西安样式相同的纪念碑。

公园内外有吉备真备家族的菩提寺即吉备寺以及坟墓、馆舍、水井、弹琴岩等遗迹。

与中国各省市结成友好城市的行政自治体

冈山县——江西省

1986年通过冈崎嘉平太的介绍，冈山县与中国江西省开始了交流活动。从互派友好访问团开始，双方通过各自举办少年儿童的画展、接收研究员、召开日中恳谈会等活动加深了相互了解，1992年6月双方签订了友好协议。

冈山市——洛阳市（河南省）

8世纪初，吉备真备作为遣唐使访问了洛阳。在1200年后的1980年，冈山市访华团于7月、冈山市议会访华团于9月，分别访问洛阳。

两市的历史悠久，文化相似，并且当时洛阳市市区人口与冈山市相当，大约都是52万人。经过持续不断的交流，1980年11月，双方建立了友好合作关系。

仓敷市——镇江市（江苏省）

为响应市民中"与中国城市发展友好关系"的呼声，1995年，仓敷市相关人士成立了"中国友好城市调查委员会"，在交通、文化、产业、气候等方面做了充分调查并深入探讨后，一致认为镇江市比较合适。

通过仓敷市国际交流团体开展的青少年交流等活动，经过几年的努力，双方加深了相互了解并深化了友谊，1997年11月，签订了友好关系协议。

玉野市——九江市（江西省）

1992年冈山县与江西省建立友好关系后，九江市市长作为江西省访日代表团的一员访问了玉野市。当时九江市市长考察了作为贸易港的宇野港，鉴于九江市也是一个港口城市，两市都有要深入开展交流的意愿。

翌年的1993年，以玉野市市长为团长的访问团访问了九江市，两市之间签订了关于开展交流合作的备忘录。随着相互理解的加深，1996年10月，双方正式签订了友好城市关系协议。

新见市——信阳市浉河区（河南省）

因双方在气候、纬度、农林业、工业等方面有很多共同点，通过接收林业和农业研修生、以及小学生、市议会议员之间的广泛交流，1992年4月，双方签订了友好城市关系协议。

1998年信阳市行政结构调整，原信阳市变更为信阳市浉河区。为了维系双方的友好关系，2000年4月新见市与重组的浉河区再次签订了友好关系协议。

浅口市——高安市（江西省）

2001年10月，当时的鸭方町（今浅口市）与高安市签订了开展友好交流的备忘录。之后，双方以行政及教育领域为中心开展了各种交流活动。2005年9月，两地签订了友好城市关系协议。

2006年3月，鸭方町和金光町、寄岛町合并组成新的浅口市。双方继承了以前的友好关系，并于2009年10月签订了新的合作关系协议。

和气町——上海市嘉定区

和气町迫切希望通过与中国城市建立友好关系，在文化、生活、习惯等方面相互学习，培养民众的国际视野。

1987年和气町町长考察了北京、西安、桂林、上海等地，寻访合适的合作对象。因交通便利等原因，最终决定与上海市嘉定县（后设区）发展友好关系。翌年的1988年，嘉定县副县长访问了和气町，以此为开端，双方开始了友好交流。双方的友好关系不断深入发展，1992年10月，签订了友好合作协议。

吉备中央町——淮安市淮安区（江苏省）

被誉为"日中邦交正常化第一人"的冈崎嘉平太的故乡吉备中央町，与周恩来总理的故乡淮安市楚州区，在周恩来诞辰100周年的1998年就建立合作关系达成一致意见，并于次年签订了协议。这成为两地当时的重大新闻。

双方于1993年开始政府间互访，1996年起开展了中学生的家庭寄宿交流以及书法、绘画等交流活动。双方的友好关系不断发展。

签订协议后，2001年在淮安市举办了中日友好接力赛，进一步促进了友好关系。

因中国行政区域调整，原淮安市变更为楚州区。2001年10月，双方再次签订了友好合作协议。2012年1月，淮安市楚州区又变更为淮安市淮安区，中日双方商定继承友好城市关系协议、内容维持不变。

八 鸟取县

东部海岸,南部山地,西部平原,北部沙丘。

简　介

鸟取县位于旧出云国（今岛根县）东侧，有着悠久的历史，在《古事记》《日本书纪》等古书中都有关于鸟取县的记载。

但是，鸟取县对于生活在东日本的人们来说，是不太熟悉的地方之一。这也不奇怪，鸟取县的总人口大约只有 57 万人，是 47 个都道府县中人口最少的县。

鸟取县东西跨度达到 125.4 公里，东部和西部不论气候还是人的性格差异都很大。

东部地区有日本最大的沙丘，海岸线单调没有良港，渔业也不发达，经济状况不佳。冬季的积雪很深，给当地造成了极大困扰。这些不利条件培养了当地人超常的忍耐力，总体看当地人亲切、勤勉、老实、稍微有点懦弱。

因为随时可以眺望中国地方的最高峰大山（海拔 1729 米）的雄姿，西部地区的鸟取人更大气。当地人性格外向、做事积极主动。这一地区与大阪的交流机会多，当地人擅长经商，很会赚钱。

如果鸟取人能超越东西的差异，充分发扬打破困境的英雄气概。即使是完成苇原中国（来自日本神话传说，指人间世界，也就是日本本土。——编译注）建国大任的大国主神也毫不逊色，可当大任。

鸟取县的与众不同

①小排量机动车的保有数量（以家庭为单位）在1986年—2012年期间一直在国内领先。

②是日本最后一个出现星巴克的县。

鸟取县的地理状况和气候条件

鸟取县位于中国地方的日本海一侧,山阴地区的东部。是西日本的暴雪地带。由旧因幡国(东部)和旧伯耆国(西部)组成,面积不大,居全国第 45 位。县内仅包括四个市(鸟取市、米子市、仓吉市、境港市),居日本最少。

北部临日本海,以鸟取沙丘为代表沿岸青松挺拔白色的沙滩连绵不断。鸟取沙丘南北 2 公里,东西达 16 公里,是日本三大沙丘之一,也是日本最大的对普通游客开放的沙滩。

南部是连绵不绝的中国山地。

鸟取县东部以千代川流域的鸟取平原为中心。首府所在地鸟取市就位于东部地区,这里有白兔海岸等景点,还拥有液晶加工厂等工业企业,鸟取市是一个以工业为主的城市。

在鸟取县中部,天神川冲击形成了仓吉平原。仓吉市因白壁土藏群而闻名,以仓吉市为中心,分布着三朝温泉、羽合温泉、东乡温泉等众多温泉。

西部以米子市、境港市为中心,日野川冲击形成了米子平原。中国地区的最高峰、日本百座名山之一大山（海拔1709米）坐落于此。

从古时起，鸟取县就与西部古称"出云国"的岛根县有紧密联系。

鸟取县全境属日本海式气候，是降雪量极大的地区。春季开始至秋季天气晴朗，相对温暖。进入冬季以后云层增多、雨雪天气居多。西部沿海地区（米子附近）积雪相对不深大约20cm左右，越往东降雪量和积雪深度越大。

东部的鸟取市市内曾观测到超过40cm的积雪。在当地，冬季气压呈西高东低、日本海上空等气压线成口袋型的情况，称为里雪型气压配置。如果持续出现这种天气，会出现沿海地

鸟取县海岸

区的鸟取市以及最北端的岩美町等地区，比内陆的智头町等地降雪量还要多的情况。

大山周边的内陆山地是山阴地区降雪量多的地方，而且异常寒冷，气温有时会降到－15℃以下。

鸟取县的相关数据

面积：3,507.05平方千米

总人口：570,569人（截至2016年6月1日）

人口密度：163人/平方千米

临近都道府县：兵库县、岛根县、冈山县、广岛县

鸟取县人的性格特征

享受着丰厚历史遗产的鸟取人

居住在首都圈或者东日本的普通人,来到鸟取县所在的中国地方,真是找不到方向,甚至连各地的位置关系都搞不清楚。

尽管很多人都知道鸟取有沙丘,但是到底鸟取是在冈山县的北部还是广岛县的北部,还有鸟取县和岛根县哪个离东京更近一些,等等诸如此类的问题,能自信地回答的人寥寥无几吧。

鸟取县总人口57万人,与东京都八王子市、埼玉县川口市接近,首府所在地中与鹿儿岛市的人口差不多。

一般人口少的原因是,适宜居住的平地少、气候条件不好或者交通不便等等,但是鸟取县比较特别,这个地方具备了以上所有的不利条件。

出人意料的是,"幸福指数排名"(根据法政人学研究生院的调查,2011年数据统计)在福井县、富山县、石川县之后,列全国第四位。看来人口的多寡,与幸福程度没有关系。

境内交通便利，而且各种交通设施完备，但是这一点与"幸福指数"应该也没什么联系。

经调查，鸟取县人参与志愿者行动的比例（10岁以上，每1000人中），无论男性和女性均位居全国前列，可以看出鸟取人发自内心地积极参与参加志愿者行动，并为此付出了大量的时间和精力。如此看来鸟取县虽然欠缺"现实中的华丽"，但是"过去的遗产"相当丰富。

鸟取县是日本古代最早开发的地区之一，历史不是一般的长。

传说中神仙们的故乡出云国、以及古老的吉备国都与鸟取县相邻。《古事记》《日本书记》中"因幡国的白兔"的故事，就发生在鸟取县。

传说因幡国有一个名叫八上比壳的美女，八十神（大国主神的兄弟们）都想娶她为妻，于是大家从出云国出发前往因幡国。

途中，遇到一只被拔光了毛、痛苦不堪的白兔。白兔向八十神讲述了自己因欺骗鳄鱼遭到报复的原委，八十神听后大笑，胡乱教给兔子一些治疗方法，扬长而去。随后而来的大国主命，建议兔子用清水清洗身体然后用香蒲的穗擦拭身体，白兔这才得救。之后大国主命在白兔的帮助下，终于娶了八上比壳为妻。

据说"羽衣传说（类似中国七仙女与董永的传说）"的故事也发生在这里。

到底是态度消极,还是举止优雅呢?

鸟取县是全国 47 个都道府县中横向跨度最大的一个,南北长与东西长的比为 1:2,因此在境内建有两个机场(米子空港和鸟取空港),这在国内倒不多见。

鸟取县境内平坦的地方特别少,也就局限在鸟取、仓吉、米子这几个地方了。

年均降水天数居全国第六位(2014 年数据统计)。一直有"雨中因幡"这一说法,县东部地区降水尤其多。在当地,人们见面打招呼的内容基本都是关于天气的,诸如"忘了带饭不要紧,千万别忘了带伞"之类的。

正如"山阴"这个地名所表达的那样,受地形影响,一过中午,全县都进入了中国山地的影子里,人们的性格都变得阴暗了。

每天没完没了地下雨,造就了鸟取人超强的忍耐力,以及努力、勤勉、耿直的一面。但是阳光照射不足,又导致当地人形成了与东北地区相近的老实、保守、畏缩不前的性格。

沙丘连绵的东部海岸地区没有港口,江户时代(1603 年—1867 年),北前船(从大阪出发一路沿濑户内海、日本海做生意直到北海道,然后运送北海道的水产和木材回本州)直接从海上穿过,在此不做停留。当地至今没有观光景点,从近畿地区去出云大社(岛根县)参拜的人也是路过而已。

结果,从春到秋,当地人只能在家里种田,冬季则从事和纸制造或织布等手工业。

从鸟取去南面的冈山县必须翻过险峻的大山，交通不便，走海路经兵库县（但马地区）更方便一些。因此两地的交流比较多，导致鸟取方言与但马地区的关西方言有很多共同之处。

鸟取县有句话"煮好了，吃吧"。宴席上大家围坐在一起，不论锅里的食物煮多久，如果没有人拿起筷子说"煮好了，吃吧"，大家就都不动手。

虽然看上去大家的态度都不是很积极，但是换个角度看，具有如此优雅气质的人现在已经不好找了。

鸟取人不会轻易地随波逐流，虽然欠缺一些情趣，但是更强调高尚的品格。

鸟取人一般比较保守、不愿敞开心扉，但是一旦遇到对脾气的人就变得非常热情和爽快，令人深感意外。只要真诚相待，鸟取人肯定诚实以报。

日本人最熟知的歌曲之一《故乡》的作曲人冈野贞一，就是鸟取市人。可以说，正是因为鸟取县人对家乡无比的热爱之情才诞生了这首歌曲。还有歌中唱到的优越的自然环境，在鸟取县至今仍旧得以保留，在时下的日本已经不多见。

在漫长的历史中与其他地区的人很少沟通交流，现代社会中工业化和城市化都没有取得长足发展，不知道这些对于鸟取人到底是幸运呢还是不幸。

原来"三日坊主"这个词诞生于鸟取

从大山吹来的下山风(称为"伯耆风"),以及从日本海向出云平原方向吹的强劲西风,长年影响旧伯耆国(米子市所在的鸟取县西部地区)地区。

当地人长年与强风打交道,性格没有因幡人那么阴暗。从古代起,这里的铁器加工、木棉纺织等制造业发达,所以很有当地人很有商人气质。

现在,鸟取县的行政中心在鸟取市,经济中心在米子市。就是因为这里比旧因幡国地区的人们更加开放、愿意与人交往、积极向上。

在《人国记》中有这样的记载:他们的言行总是半真半假。前三天可以做好事,后三天就在做坏事。:只图私利,即使明知偏离了正道,亦或明知是不义之事自己也要参与,就这样一辈子糊里糊涂,当然一辈子惴惴不安。

做生意,来的都是客,对这边笑脸相迎,对那边也要和和气气,稍有不慎可能就会遭受损失。在开放性、社交性背后,必然要有这样的思想准备,充分认识这一点还是很有必要的。

根据这段《人国记》的记载,诞生了"三日坊主"这个词(比喻做事没长性)。

令人吃惊的是小、中、高校晨读实施率非常高,排西日本地区第三。大概是当地人希望通过这种方式,让年轻人养成坚持不懈的习惯,进而培养不屈不挠的精神吧。

在鸟取县的西北部，位于弓滨半岛的境港市，是漫画《鬼太郎》的作者妖怪研究专家水木茂的家乡。

过去作为渔港的境港市，开始逐渐衰落，商业街也失去了活力。

当地政府具有强烈的危机感，决心以"建设绿色、有文化内涵的城市"为主题增强当地活力，1993年境港市在商业街树立了《鬼太郎》中妖怪形象的铜像。

当地还将该条道路命名为"水木路"，用妖怪的名字命名车站，开通"鬼太郎列车"，用妖怪形象做招牌等等，采取了各种措施推进城市建设发展。经过不懈努力，不但游客增多，商业街的气氛也活跃起来了，效果非常明显。

现在采用用有名的漫画角色提振城市信心促进城市发展的手法在全国随处可见，境港市是比较早的使用这种方法的城市。而且使用妖怪这种一般人想不到的题材，说明当地人还是有一些奇思妙想的。

地处陆地向日本海突出的部分，当地人随时能意识到大海对岸的中国和朝鲜半岛，因此才有了进取精神和开阔胸怀。

微妙的邻居关系

"太不好意思了，一直以为出云大社在鸟取县呢。"如果敢和鸟取县人这么说话，就不要等对方拂袖而去了，还是你赶紧开溜吧。

出云大社和鸟取沙丘是山阴地区的两大观光地。出云大社的历史可以上溯到神话的年代，在全国的神社中也是独树一帜的。

其实鸟取人心里明白，很多人的确是真不清楚。出云大社在旧出云国，也就是现在的岛根县。但是如果不能正确区分鸟取和岛根，那就要惹麻烦了。两地之间，特别是鸟取县对岛根县有着极为复杂的想法。

1871年日本废藩置县，旧因幡国的八个郡，旧伯耆国的六个郡，旧播磨国的三个郡的一部分组成了鸟取县，当年末，旧隐岐国也从岛根县划入了鸟取县。

但是，五年后的1876年，鸟取县整个被编入了岛根县。当时这只是在部分地区采取的措施，据说这成了鸟取人一段屈辱的记忆。

又过了五年，1881年，经当地的士族不懈争取，终于又恢复了鸟取县，但是隐岐继续留在岛根县，不管怎么说"岛根县总算是捡回了一条命"。

最近还上演了一场"鸟取VS岛根"的大戏。根据2015年修改的公职选举法，出现了"鸟取县及岛根县参议院合同选举区"，这意味着在参议院选举中两地又被合并了。该选举办法自2016年举行的第24界参议院议员通常选举开始适用，我们可以想见两个县民众复杂的心情。

鸟取县重要数据和知名人士

鸟取县在日本名列第一的几个领域

领域	数值
梨的消费量（2010年）	14,441克
螃蟹消费量（2008年）	4,641克
沙丁鱼消费量（2008年）	2,154克
零食消费量（2012年）	6,581日元
香蕉消费量（2010年）	24,682克
梨的产量（2009年）	22,306吨
天然鰤鱼捕捞量（2013年）	7,428吨
钢琴普及率（2009年）	34.5%
研究生入学率（2013年）	28.41%
参加志愿者活动的比例（2006年）	3.7%

鸟取县出身的名人

政界：

　　石破茂（八头町）

　　汤原俊二（米子市）

商界：

　　鬼塚喜八郎（鸟取市），ASICS（亚瑟士）公司创始人

　　儿嶋幸吉（鸟取市），鸟取天然气公司创始人

　　矶野长藏（仓吉市），麒麟啤酒创始人

文化界：

　　尾崎放哉（鸟取市），俳句诗人

　　中原诚（鸟取市），棋手

　　岩田廉太郎（鸟取市），漫画家

　　青山刚昌（北荣町），漫画家

　　足立圭司（米子市），漫画家

　　谷口次郎（鸟取市），漫画家

　　长年康城（鸟取市），漫画家

　　藤原芳秀（鸟取市），漫画家

　　细川雅巳（岩美町），漫画家

　　山松佑吉（仓吉市），漫画家

　　森秀树（米子市），漫画家

森山一保（米子市），漫画家

水木茂（境港市），漫画家

篠田秀雄（伯耆町），漫画家

赤井孝美（米子市），插图画家

前田真宏（米子市），动画导演

山口宏（米子市），动画编剧

锦织敦史（米子市），动画作家

西河克己（智头町），电影导演

冈本喜八（米子市），电影导演

冈野贞一（鸟取市），作曲家

演艺界：

泽田研二（鸟取县市），歌手

MALTA（仓吉市），音乐家

司叶子（境港市），演员

宫川大助（境港市），相声演员

体育界：

九里亚莲（米子市），广岛东洋鲤鱼职业棒球队球员

住田贵彦（米子市），盛冈戈鲁拉足球俱乐部成员

石轮圣人（米子市），鸟取飞翔足球俱乐部成员

釜田佳吾（米子市），鸟取飞翔足球俱乐部成员

波浪当根弓彦（鸟取市），职业高尔夫选手

永田倉（仓吉市），女子职业高尔夫选手

鸟取县的风味美食

烤文鳐鱼（飞鱼）

文鳐鱼是回游鱼，俗称飞鱼。烤文鳐鱼要在屋外制作，所以又叫"野烤"。

将北上在日本海产卵的文鳐鱼加工成肉糜，然后加酒或者日式料酒调味，卷在棍上烤。

烤得后与"烤鱼糕"相似，特点是个头大，直径七八公分，长70公分，吃的时候要切成段。

文鳐鱼味道清淡，富含油脂，还可以做酱汤或者炖着吃，煎着吃或者盐烤味道也不错。

沙丁鱼丸子

鸟取县西部的境港市，是渔业中心。每年4月至5月，是当地捕捞沙丁鱼的最佳时期。

将捕捞上来的沙丁鱼去头和内脏，然后去骨和皮，肉身经敲打后在石臼里捣成肉糜,加入切碎的春季的树芽。境港当地的特别之处是再加入一杯碳酸饮料,碳酸能压住鱼的腥味。

然后多加水炖,炖的过程中放入酒、白砂糖、酱油等调料,就做得了黑褐色、口感绵软、味道鲜美的沙丁鱼丸子。

大山小豆饭

大山,一直是闻名的修验道(日本传统禁欲主义中的一种,结合了汉传佛教和日本神道教的特点,曾在日本风靡一时。——编译注)信徒的修道场所。为了方便这些虔诚的信徒,当地出现了很多以山野菜为材料的精进料理。大山小豆饭是大山山麓以及米子周边地区流传的一种食物。

大山小豆饭据说起源于僧兵携带的食物或者从事重体力劳动的伐木工人的午饭。

日野郡荞麦面

日野郡由日南町、日野町和江府町组成,位于海拔200—550米的山上。秋收时节当地的温差极大,培育的荞麦有淡淡的甜味,味道上佳。

将收割的日野郡优良荞麦磨成粉,用大山及中国山地甘醇的山泉水和面,味道独特,制成的日野郡荞麦面广受欢迎。

中国人不可错过的鸟取县景点

透关山满正寺

江户时代，鸟取藩管理着现在鸟取县的整个地域，领主是池田家。

但是实际上控制各个城的是城主，米子由荒尾但马家、米子荒野家统治，仓吉是由荒尾志摩家统治。

1699年建立的满正寺是荒尾志摩家的家庙。位于仓吉市锻冶町，是那些对这段历史比较熟悉的人才知道的一个景点。

2010年秋，寺院内设立了根据荒野志摩家家传的占星术制成的具有现代风格的"九曜星占盘"，可以依据人的出生年月日，推算恋爱、人际关系等等。这个"九曜星占盘"吸引了全国各地的游客，满正寺的知名度大大提高了。

"九曜"，是印度的天义学以及占星术中出现的代表不同天体的九个神。中国的《宿曜经》一书中对此有记载，荒尾家的家徽与书中的纹样极为相似。

据说在战国时代（1477年—1573年）的鸟取藩，荒野志摩家根据占星术决定战争和人事任免。

古井喜实的石像

郡家（八头町）站是JR西日本的因美线和若樱铁道的中转站。在站前广场，立有出生于当地曾担任日中友好议员联盟会长职务的政治家古井喜实的石像。

古井喜实1925年成为内务省的干部，后来投身政治，在田中角荣当政时，对日中邦交正常化的谈判和日中共同声明的签订做出过重大贡献。隐退后，还担任了日中友好会馆馆长的职务。

若樱铁道，从郡家站到若樱站之间的一段，因为具有昭和时代（1926年—1989年）的遗韵而闻名，包括站台、建筑、桥梁在内的23处设施被列为有形文物。

燕赵园

汤梨滨町位于鸟取县正中央、面临日本海，作为鸟取县和中国河北省的友好象征，1995年在此处修建的燕赵园，总面积达10000平米，是日本最大的中国式庭园。

庭园的名字，取自河北省古代的燕国和赵国，园内再现了历代皇帝钟爱的皇家园林样式，主要设置了28处景观，称为"燕赵园二十八景"。

园内的建筑都是由河北省的设计师设计，建筑材料也都产自中国。由河北省的工匠打造，并在中国试装，之后拆开运到日本，在河北省的技术人员的监督指导下，重新组装。建造过程颇费心思。

2001年4月起,附近的商业街周边地区改名为"道路驿站－燕赵园"

顺便提一句,"汤梨滨"这个名字是由"汤（温泉）""梨（二十世纪梨,梨的一个品种）""滨（海滩）"组合而成的。

与中国各省市有友好交往关系的行政区

鸟取县——河北省、吉林省

鸟取县和河北省都是梨的产地,在中日友好协会的建议下,1986年6月,两地结为友好县省关系。进而促成了1991年米子市与保定市的友好合作关系。

七年后的1993年10月,吉林省珲春市与鸟取县境港市结为友好城市。在吉林省的经济交流团访问鸟取县时,邀请鸟取县相关人士访问吉林省。翌年的1994年,鸟取县派出亲善交流团。同年9月,为促进东北亚地区的经济发展并开展更广泛的交流活动,双方交换了关于促进交流的备忘录。

米子市——保定市(河北省)

1986年6月为参加鸟取县与河北省的友好协议签字仪式,到访的河北省省长对米子市进行了礼节性拜访。当时提议米子市与保定市开展友好交流。

翌年的1987年，保定市的友好代表团到访米子市，1991年10月，双方签订了友好城市关系协议。翌年的1992年，还签订了增补具体内容的友好城市关系协议，进一步强化了友好关系。

境港市——珲春市（吉林省）

境港市是一个港湾城市，受1991年联合国开发计划署的图们江开发计划影响，希望与吉林省开展经济交流促进贸易发展。

因为在图们江开发计划中，珲春市占据了有力的地理位置。1993年境港市的代表访问了珲春市，双方就增进相互了解并面向未来构筑友好合作关系达成一致意见。

同年9月，吉林省图们江地区开发交流团访问境港市，双方举办了投资环境说明会、召开了经济贸易恳谈会、研究开发定期航线，通过举行一系列的活动，力图促进经济交流。第二年，珲春市市长为团长的友好亲善代表团再次到访境港市，双方签订了友好城市关系协议。

1994年2月，就成立吉林省铁路港口指挥部和开通定期航线事宜双方进行了磋商，同年5月，境港市派遣吉林省经济考察团，双方的交流活动进展顺利。

八头町——大安市（吉林省）

为通过国际交流活动促进地区发展，船冈町（今八头町）积极寻找合适的合作伙伴。通过一系列调查研究，船冈町选定了农业发达、愿意与日本开战交流活动的大安市。

1996年6月,船冈町派出友好亲善访华团,与大安市签订了友好交流备忘录。同年12月,大安市代表团受邀访日双方签订了友好交流协议。

2005年,郡家町、八东町合并组成了新的八头町,双方继承了友好交流协议的内容。

九 广岛县

不同的地形地势，培养了当地人不同的性格特征。

简　介

日本的钢笔、威士忌、大巴、酸奶、咖啡店里的早餐服务、精酿酒、防虫喷剂：等等都是由广岛县人发明或最早开始生产的。在日本向未知领域发起挑战伴随着比其他地方更多的困难：必须要有充分的思想准备与岛国日本特有的"周围人异样的目光"、以及从古至今的风俗传统等羁绊做不懈斗争。但是广岛人根本不在意这些，挑战精神已经成为他们强大的遗传基因。

导致这种性格的最大原因是广岛县平原面积太少，大米产量不足。广岛县北部和东西方向被中国山地包围，南部是濑户内海，因为人口不断增长，如果因循守旧在广岛将无法生存。

江户时代（1603年—1867年），被称为"安逸帮"的广岛人就到全国各地打工。明治（1868年）以后到1945年，日本共有将近80万人移居海外，其中广岛县的人数最多。他们的工作受到广泛赞誉，不少人在当地做出了非同寻常的业绩。

由于过于专注外面的世界，导致广岛人处理身边的事情时有些马马虎虎，但是广岛人有能力解决因此造成的负面影响。

广岛县的与众不同：

①来广岛的游客中欧美人的所占比例居日本第一。

②居住在广岛的德国人在日本推广了年轮蛋糕（起源于德国，指有着层层花纹的蛋糕，当对其作横断切开时呈现金色环圈，因此成为"年轮蛋糕"。——编译注）和热狗。

③国际排球联盟标准用球是在广岛生产的。

广岛县的地理状况和气候条件

广岛县位于中国地区偏山阳一侧，南部是濑户内海，北部和东西方向是中国山地连绵的山脉和丘陵。濑户内海中，现在合计有大大小小的岛屿140余个，但是过去广岛市南部的海域并没有岛屿。

广岛县的首府广岛市是政令指定城市，是中国地区最大的城市。

位于广岛市内的世界上首次遭受核武器攻击的证据"原子弹爆炸圆顶屋"，以及紧邻广岛市西侧的观光胜地安艺宫岛，都被联合国教科文组织列为世界文化遗产。

广岛县所在地区，是由旧安艺国和备后国两个藩国组成，两地最大的区别是语言不同。以广岛市为中心的西部地区在过去属安艺国，当地人说广岛话；与冈山县相邻的福山市为中心的东部地区属于备后国，主要讲备后方言。

以广岛市和福山市为中心，以汽车工业为主的工业和商业发达。广岛县内有山有海，自然环境丰富，适合发展农业和渔业。

从城市功能和生活圈看,广岛境内分为广岛地区(县西部)、备后地区(县东部)、备北地区(县东北部),文化各不相同。

广岛县北部属日本海式气候,其他地区属濑户内海式气候。

濑户内海式气候的特点是雨水少,但是西部的广岛市周围稍多。另外西部地区还受西北季风影响,少雨雪天气,但是山区冬季有积雪。

东部地区冬季晴朗天气居多,濑户内海沿岸几乎没有降雪,随着逐步靠近中国山地,降雪也相应增多。

夏季,沿岸城市地区和内陆的盆地多高温天气。

内陆地区冬季非常寒冷,甚至可以下降到 −20℃以下。比如位于中国山地北广岛町的东八幡原(海拔774米)曾观测到 −28.0℃(1977年2月19日)、庄原市的高野地区观测到 −26.0℃(同日)的最低温度。

广岛县内变化幅度大,可以看作是日本的缩影。

广岛县的相关数据

面积:8,479.45平方千米

总人口:2,822,448人(截至2016年6月1日)

人口密度:333人/平方千米

临近都道府县:鸟取县、岛根县、冈山县、山口县、爱媛县

广岛县人的性格特征

广岛意味着暴力？这是一个误会

虽然不太合适，但是实事求是地讲，提起广岛，很多人脑海中浮现的都是暴力情景：曾经有过与东京巨人队比赛输球后，广岛队的球迷包围了巨人队选手乘坐的大巴，引发骚乱；暴走族与警察之间爆发大规模冲突，等等，在世间广为流传。

特别值得一提的是，深作欣二导演的电影《无仁义的战争》（共五部）展示了这种暴力的极致，起到了推波助澜的作用。在这部描写日本全国规模的暴力团之间为争夺势力范围展开争斗的系列作品中，死人无数，血腥的场景让人想起来就不寒而栗。

还比如，在大相扑赛场上顽强坚持的安逸乃岛（2003年隐退），很多人觉得一看他就是广岛人，因为从面相看就不像好人。

过去曾有一段时间，东映（东映株式会社的简称，日本五大电影公司之一）出品的反映江湖恩怨的电影处于全盛时期。

虽然女性受不了那些惨烈的枪战场面，男性观众则不同。有些人甚至完全入戏了，仿佛剧中人物附体，随着情节说起广岛方言。有意思的是广岛方言粗鲁粗暴，与地痞流氓的身份正好相配。电影结束后从影院出来的男性大多两手插兜、端着肩膀走路，一副地痞相。

我们不禁要想，在广岛人的内心深处，是否留有对世界上第一个受原子弹伤害的怨恨，或者人性中都隐藏着暴力解决问题的诉求？

大家也肯定非常清楚对广岛存在偏见。国内流传广岛人开车的习惯是全国最差的，但是并没有数据可以证明，应该这是仅凭印象的主观臆断。从刑事案件发生的数量看，广岛县也不比其他府县多。在号称世界第一安全国家的日本，不可能只有广岛县每天充斥暴力。但是，人们就是改变不了对于广岛的印象。

朴素稳重的广岛人

其实广岛县面临水流平稳、气候温暖、海产丰富的濑户内海，广岛人养成了悠然自得、稳重大方的性格，根本没有过激的行为特征。

在丰臣秀吉曾参拜过的严岛神社，游客众多。每天要接待大量的游客，促使广岛人变得开朗、热情。

以福山市西面的尾道市为背景，大林宣彦导演拍摄了电影作品尾道三部曲（《转校生》《穿越时空的少女》《寂寞的人》），以及新尾道三部曲（《两个人》《明天》《那个夏天的日子》）。

通过这些作品,我们可以感受到濑户内海沿岸地区居民的质朴与稳重,和《无仁义的战争》中描写的广岛大相径庭。如此看来,深作欣二作品表现的内容并非广岛县的本来面目。

将职业棒球联赛中一直垫底的养乐多燕子队以及刚创建的西武狮子队培养成常胜军团的广冈达朗教练是广岛县吴市人,他不靠趾高气扬的态度和粗鲁的语言,没有花哨的作风,一心建设一支努力做好分内工作、具有平常心的队伍,并取得了成功。

这种把理所当然摆在重要位置的做法,以及心地善良的本质,可以说是最能体现广岛人特点的地方。

但是广岛人没有经历过大自然的可怕之处,有过于乐观的一面。还有人指出广岛人计划周密但是不善于推进。

广岛街景

不同的地形地势培养了当地人不同的性格特征

直到江户时代，广岛县所在地区一直分属备后和安芸两个藩国。

据《新人国记·备后》一章记载，当地人诚实、认真，但有时愚钝不能判明是非，还有就是偶尔会不遵守约定。

最初是尾张（今爱知县）出身的福岛正则，统治以现在福山市为中心的旧备后国，之后是三河（爱知县）出身的水野胜成（在就任福山藩主前是尾张刈谷藩主），这些人都与爱知县有很深的渊源。因此造成现在广岛县东部的语言与尾张、三河地区接近。当地人性格上与爱知县也有相近之处。

另外，因为与冈山县相邻受其影响（追根溯源是受大阪的影响），备后人擅长经商，会赚钱。

与之相对，《新人国记》对旧安芸国人评价是"重视利益，心胸狭隘，遇事谨慎。自己无法判断正确与否，明哲保身。很少有出类拔萃之人"。总之，当地人大多过于关注他人的想法，过度保全自己，不堪大任。

造成这种结果多半是受到地形的影响。安芸国所在地区南部面向濑户内海，东部、北部、西部都是山，临海的一侧又有很多岛屿。青山绿水带来的清新空气，到此地后就被困住不再自由流动，一点也不通畅。

还有就是面积狭小。看江户时代初期的地图会很容易理解这一点，当时的陆地范围大约在现今的广岛市、也就是广岛城一带，广岛城以南的陆地都是从那时起通过200多年填海造陆形成的。

正如后边还要详细论述的那样，当时安芸地区的人口增长迅速，造成安芸地区居民利用自有土地资源根本没法生存。

面对生存压力，安芸人出于本能，从很久以前开始就有了走出去的意愿。

因此，很多人从安芸去往邻近的备后、备中、备前（冈山县）等西日本地区谋生。19世纪初，甚至到达了大和国（奈良县）、纪伊国（和歌山县）。

"他们多从事伐木、石匠、木工、瓦工、制磨等半专业技术工作，（中略）在当地称为安芸者。"（《广岛县移住史·通史篇》）

广岛市与火奴鲁鲁市结为姐妹城市的原因

从明治时期开始，广岛人打工的目的地转向了海外。冲绳县、福冈县、熊本县也有不少人移民海外，但是广岛人的数量远远超过这些地区。

在移民目的地中，夏威夷与日本相对比较近，因此很多人移居此地。

当时夏威夷的主要产业是甘蔗种植。这项工作非常辛苦，特别是收割时的劳动异常艰苦。挥刀将两倍身高的甘蔗从根茎处砍断放倒，必须要有极强的爆发力。

最初从事这个工作的是夏威夷的原住民，但是19世纪中叶开始到达夏威夷的欧美人不但带来了近代文明，同时还带来了麻疹、结核、霍乱、伤寒、天花等传染病，甚至还有梅毒。

当地的原住民对这些病毒没有免疫力，一旦患病就造成死亡。1778年英国的詹姆斯库克首次到达夏威夷时，原住民有近30万人，到1890年锐减至4万人，病毒的杀伤力一目了然。

结果导致甘蔗种植园的劳动力不足状况逐年恶化，当地开始雇佣中国人填补空白。到1882年，在甘蔗种植园里工作的半数都是中国人。但是中国人经过几年积累，一旦拥有了一定数目的储蓄，就开始自己投资甘蔗种植园。或者面向后续来到此地的中国人提供金融服务、开设商店，总之开始经营服务业。

好不容易培养的劳动力，却离开了种植园，作为经营者来说，只能继续寻找可靠的替代劳动力。

在此情况下，种植园主经常要雇佣没有工作经验的劳动者，导致工作效率低下。种植园主忍无可忍，最终当地政府在1898年出台了排斥中国移民的法案。接下来为替代中国劳动力，种植园主们瞄准了日本人。

1854年日本持续了250年的闭关锁国政策寿终正寝，1867年日本与夏威夷王国（当时是独立国家）建立了外交关系。第二年，第一个移民团（153人）从横滨出发到达了夏威夷。

日本移民中广岛人最多。1885年第一批由双方政府批准的移民总数为944人，其中222人为广岛人。

到1894年政府间批准的移民共计达29084人，其中的11122人（占总数的38.2%）为广岛县出身。

福山市出身的演艺界人士小林克也创作的《传说中的

come to Hawaii》（1986年）歌曲之中，有"欢迎，欢迎，欢迎来夏威夷，我们都是广岛人"的歌词。事实确实如此，在20世纪70年代，夏威夷到处可以听到广岛方言。

因为有这个历史背景，夏威夷首府火奴鲁鲁于1959年与广岛市结为姐妹城市。

遍布世界各地的广岛县移民

除夏威夷外，在美国西海岸以及南美各国、法属新喀里多尼亚和斐济等当时日本人从未涉足的国家和地区，都有广岛县移民。

当时的年代并没有获取海外信息的途径，由此我们能感受到广岛县人的决心和毅力。

一位咨询公司社长曾向我说过，他的公司曾接到过一项工作，在美国犹他州调查土地的所有权人，调查的结果，很多持有人都是广岛人。

犹他州环境优美，大部分地区都被列为国立公园。换个角度看，当地除了山、森林和湖泊，其他就什么都没有了。在那样落后的年代能移民到当地，肯定要经历常人难以想象的困难。

南美也有很多广岛县移民，包括成功举办了里约热内卢奥运会和残奥会的巴西。

1908年起到1937年的30年间移居巴西的日本人总共达到182000人，其中11000人为广岛县人。

从统计数字看，1899年—1932年移民海外的日本人人数为 552141 人。按照都道府县看，广岛县居第一，总计 92716 人（占总数的 16.8%），熊本县为 61400 人，居第二位，冲绳县为 55706 人，居第三，福冈县 44793 人，居第四位，山口县 42842 人，居第五位。

广岛人移民众多有很现实的理由，就是广岛县人很适应欧美人的思考方式和行动方式。这是由于广岛的特殊情况造成的。

与濑户内海沿岸的香川县和冈山县一样，广岛县的农民每年都要与干旱作斗争。在农村地区，经常为了争夺灌溉水源发生争斗。

水资源分配极大左右着生活，是不能妥协的问题，必须达到自己满意为止。

这种不妥协的思考方式与日本人固有的生活方式不符，但是，在国外倒是很容易适应。看来，广岛县人从古代起就具有国际化特点。

背井离乡去往日本各地、甚至是世界各地的广岛县人，除了特有的乐观主义精神，还有团结一心的精神。

在首都圈，曾多次遇到广岛人的聚会，他们热烈地用广岛话交流，并以此确认彼此的身份。

同乡之间畅所欲言，通过交流来解除长期积累的孤独感和心里压力，并在这样的场合彼此再次确认广岛的价值观---这虽然是笔者的猜想，应该不会错吧。

敢于第一个吃螃蟹,源于广岛人独特的乐观主义精神

敢于挑战"第一次""没有先例"的事情,包括移民这种事情,充分体现了广岛县人特有的乐观主义精神。"独特"之处就在于,这种乐观主义精神根本没有原因。

广岛县内气候温暖,自然灾害不多,的确没有什么好担心的事情。但是像广岛人这样如此大大咧咧的人还真是不多。

广岛人的脑子里根本没有"以防万一""明天不好说,所以……"等想法,什么事情都是"应该没问题吧"。

所以,才出现了"广岛人具有拉丁人的性格"这种说法。在日本"拉丁人的性格"一般用来形容大阪人,其实广岛人比大阪人更明显。

比如,日本第一个制造并销售酸奶的广岛 CHICHI YASU 公司。该公司与竞争对手森永和雪印等大公司相比,在酸奶的生产领域占有相当优势。2011 年公司被饮料制造厂商伊藤园收购并成为旗下公司。

CHICHI YASU 公司创始于 1886 年 6 月,是由野村保在今广岛市中区榎(jiǎ)町创办的牧场,当时名称为广岛合资牛奶会社。

1927 年公司变更为现在的名字。是由第二代社长野村清次郎,取父亲名字中的"保"字的读音 YASU 与"乳"字的读音 CHICHI 组合而成。

在成立 30 年后的 1917 年,公司成为日本第一个销售酸奶

的企业。欧洲人在19世纪末养成喝酸奶的习惯，这样看日本的起步并不算晚。

在公司开始制造酸奶时，酸奶还是高级食品。当时人们普遍认为牛奶不卫生。慢慢地在部分知识分子中，牛奶对健康有益的认识逐步传播，甚至有生病的人以此代替药物。

到日清战争（甲午战争）时期，牛奶开始普及到一般家庭。当时明治天皇驾临广岛并在当地设立了战时大本营。天皇在广岛期间饮用了CHICHI YASU公司生产的牛奶。因为牛奶得到了"权威人士"的认证，开始得到广泛认可并饮用。

CHICHI YASU公司还销售过挎斗摩托，公司积极大胆的经营尝试时常成为热议的话题。

太平洋战争结束后，CHICHI YASU公司建造了日本第一个罐装酸奶工厂，将酸奶保存在塑料容器中销售。经过不断努力，CHICHI YASU公司生产的酸奶已经赢得了广泛赞誉。

孜孜不倦地追求探索的广岛人

同样在日本几乎无人不知的还有安徒生面包店。

安徒生面包店是中国地方最大的，日本面包行业前十名的公司。1948年，高木俊介与妻子和两名店员在今南区比治山本町创业时，只不过是一家普通的面包房。

1962年2月，更名为高木面包房。60年代后半期，开始研发冷冻面包技术，1970年开设了日本第一家冷冻面包工厂。

现在冷冻面包已经稀松平常，在当时可是具有划时代意义的产品。高木面包房在广岛工厂加工面包坯，冷冻后运送到全国各地，在当地的店铺完成解冻、发酵、烤制的过程。这项技术是面包生产行业内的一大革命性进步。各个面包店可以不必在当地雇佣专业技师以及购买相应设备，节省了大量成本。而且还可以保证全国各地都吃到同一口味的面包。

同年，在拥有了冷冻技术后，该公司在东京的南青山开设了安徒生面包房。1972年开设"美人鱼"面包连锁店，一跃全国闻名。

安徒生和美人鱼都来自北欧的丹麦。

高木面包房对于丹麦的情结非同寻常。这一切源于创业者高木1959年第一次访问丹麦的首都哥本哈根时，在宾馆吃了丹麦酥皮果子面包后受到的极大震撼。

丹麦酥皮果子面包，很像牛角面包，在若干层薄薄的面坯上放各种水果和黄油，烤得后很像水果派。高木品尝后，立刻向日本发电报，要求公司试做。

但是要求连实物也没有见过、也没有尝过味道的技术人员，仅凭一份电报就做出一模一样的产品，真是过于简单粗暴了。

据说公司的技师们，依靠电报的内容开始试制，经过不断的改正，终于做出了想象中的丹麦酥皮果子面包。回到日本的高木品尝后，感觉与真正的丹麦酥皮果子面包的味道似像非像，但是味道不错而且绝对是至今没有的，于是决定起名"丹麦卷儿"并开始销售。很快成为一款广受欢迎的西式糕点。

漫长悠久的历史促成了广岛人的性格

这种不按计划发展的积极性与开拓精神，来自于广岛人继承的DNA。

在广岛县北部，有很多绳文时期的遗迹，应该是旧石器时代人们居住的地方。广岛大学（东广岛市校区）内就有27000年前的遗迹。

之后，历经绳纹时代、弥生时代，在建立大和王朝之前，现在的冈山县、广岛县东部地区属于吉备国，因为拥有非常出色的炼铁技术，所以实力强大，当时与畿内和出云国齐名。

此外，现在的福山市、芦田川河口处，还有被称为"日本庞贝"的草户千轩遗迹。

草户千轩是镰仓时代（1185年—1133年）到室町时代（1336年—1573年）期间，存在了大约300年的规模较大的港口城市。周边有众多的商人和手工业者。

从出土的陶瓷器皿看，当地与扶安（今全罗北道）、康津（今全罗南道）等朝鲜半岛地区，以及磁州（今河南省南部）、上虞（浙江省）等中国各地都有贸易往来。

广岛县内的尾道和鞆等地，自古以来就有与中国、朝鲜等国通商的贸易港。广岛人的国际意识已经具有悠久的历史。

因为对外开放早，广岛县人的遗传因子里一直有走在日本前列的意识。我们完全可以理解，为什么广岛人可以满怀自信移民海外、挑战全新事务。

最喜欢在前面领跑的广岛人

广岛县出身的众多艺人中,具有强烈广岛气息的必属音乐人矢沢永吉无疑。

"如果门的对面有梦想,就要不停地敲门,直到门被打开为止。"(《矢沢永吉名言集》)

"人,不论是谁,都要经历必须敲门的时刻。那时,需要勇气克服一切恐惧。大家都会犹豫该怎么办,结果就是,有勇敢敲门的,也有退缩而回的……"(同上)

矢沢永吉的语言中,向我们传达了一种自信。面对在狭窄缺少自由的空间中积累的挫败感,只有抱着强烈的"冲出去,冲出去"的意识,向外面"敲门",才能迎来转机。

矢沢永吉在高中时通过模仿学会了弹吉他,于广岛工业学校毕业后,即带着一把吉他单身前往横滨。据说离开广岛的最大原因是"想离开广岛"。这个原因听上去确实像广岛人。

矢沢永吉三岁时,双亲离异,母亲离家出走,遭受核爆的父亲,在他小学二年级时去世。他从小在亲戚家辗转,厌倦了生来的贫困和令人厌烦的人际关系。

当时矢沢永吉每天生活的动力,就是再前进一点,早一分钟"冲出去"。全然不在乎周围的看法和众人的品评,这同样可以清晰地看到广岛的特点,与《人国记》中记载的安艺国截然相反。

由他担任主唱的CAROL乐队,自1972年出道到1975年解散，成为日本摇滚乐坛的一面旗帜和不朽的传奇。在风靡日本之时，他毅然决然地解散乐队开始独唱，风头依旧不减。

但是矢沢永吉的很多遭遇令人唏嘘不已。保时捷汽车被盗；经纪人与经纪公司合伙伪造合同，骗取音乐会的收入；矢沢永吉的替身私自出演广告赚取巨额劳务费；在澳大利亚的土地交易中，事务所的职员贪污了35亿日元，结果矢沢永吉必须偿还这笔费用。发生这样的事情，似乎并非只是因为他太出名了，矢沢永吉自身负有一定责任。

"不做只有十分之一风险的事情，要做有十分风险的事情。因为如果成功就会有十分的收获。"（来自《矢沢永吉名言集》），"自己的路，自己走。"（同上）在这种思想支配下，发生那么多事情就在所难免了。

虽然不能人人都像矢沢永吉那么极端，广岛县人血管里的血液还是充满着冒险和挑战的精神。

从事高尔夫球运动的典型广岛人

高尔夫球员中，充分展现广岛人性格特征的选手就是冈本绫子。

1982年，冈本绫子成为日本第一个参加美国LPGA巡回赛的高尔夫球选手。截止到1992年在11个赛季中她共夺得17胜。1987年更是取得了4胜的优异成绩，是外国人中第一个夺得赛季奖金王的选手。

冈本绫子出生于濑户内海沿岸的旧安艺津町（今东广岛

市）。上初中后即开始练习垒球，因为实力受到认可，1966年进入濑户内海对岸的爱媛县今治市的明德高中。明德拥有当时最强的垒球队。

毕业后，冈本绫子进入刚刚组建垒球部的大和纺织株式会社福井分公司。第二年即1971年，冈本绫子作为主力出场，帮助球队在和歌山国民体育大会夺得冠军。作为奖励，同年秋，冈本绫子去夏威夷旅行，竟因此改变了人生。

在夏威夷她结识了一位日裔学校的教师，因为意气相投，进而想定居夏威夷。回国后，冈本绫子开始为出国积攒费用，但是遭到父母反对，一度作罢。但是，她对从事了12年的垒球运动渐渐失去热情，最终退出了大和纺织。

辞职后，冈本绫子偶尔请大和纺织的劳务课长教自己打高尔夫球，感觉自己很有潜力，于是决定作为大和纺织的嘱托社员（是对那些有专业特长的人进行高薪、短期的雇佣形式）到大阪府的高尔夫球场做球童。

1974年，冈本绫子第二次参加高尔夫职业资格考试，取得了职业球员资格。1975年出场参加比赛，并于当年最后一场比赛中取得了人生中的第一个高尔夫球比赛冠军。在职业比赛第三年的1977年冈本绫子参加了21场比赛，取得四次冠军（5次第二名，17次进入前十名）。

1981年，冈本绫子在国内取得8次优胜，第一次成为奖金王。并取得了梦寐以求的LPGA巡回赛资格。

决定1982年起全年参加美国巡回赛后，长期关照她的大和纺织公司相关人员曾经问她："放弃国内比赛参加美国巡回赛的目的是什么？"据说她的回答很简单："就是想去美国。"

但是，当时冈本绫子几乎不会讲英语。"我，默默地站在那里，想着马上就打一个好球给你们看，一定让你们大吃一惊。然后，我打了，听到一片欢呼声，我想你们终于知道我的厉害了吧，太痛快了。"她从最初开始就一直享受着在美国打球的快乐。

比赛进展顺利时她会感觉"地球以我为中心在旋转"（冈本绫子语）。

真是乐观主义的极致表现。

矢沢永吉和冈本绫子，赤手空拳，凭借建立一世功勋的决心和毅力，向世人展示了他们的存在。他们在日本人尚未涉足的领域，经过矢志不渝的努力，取得了前所未有的成绩。

因为广岛人与生俱来的饥饿精神，他们大胆、果断、有气魄，最终实现了自己人生的价值。这也是那些移民海外的广岛人的真实写照。

不容忽视的安艺门徒的信念

"明天怎么也能有个结果吧""明天来得及"，广岛县人的乐观主义，也许是宗教起了很大作用。

在广岛县，特别是旧安艺国，称为"安艺门徒"的净土真宗信徒占压倒性多数（包括现在）。

在净土真宗的信徒中，安艺门徒是最保守的原教旨主义者。

其根本教义是，不论现世如何，只要唱诵"南无阿弥陀佛"，都可以往生极乐世界（来世成佛）。他们认为，要在现实生活中忍耐，更不必在意过去发生的事情。

安艺门徒，遵守"家里没有神龛，生病不能祈祷""不建墓地，不立牌位"的规定（《芸藩通志》）。所以在江户时代，安艺地区的大夫和药店比其他地方多。

从全国看，有这样想法的人并以这种方式生活的人不多，这也是广岛县人特有的性格和行为方式。

元龙谷大学的校长信乐峻麿曾说过："安艺国没有杀死婴儿，所以安艺国在古代人口过多。在相邻的冈山地区，称为'备前法华'的日莲宗盛行，人口不多。安艺人就去那里打工赚钱，有'闯作州''闯津山'之说。到了近代，广岛人能移民夏威夷、美国、巴西，原因就在于广岛人从不因贫困而杀死婴儿，造成人口过剩。"

实际上，在江户时代安艺国人口激增。1872年和1721年相比，日本全国人口的增长率为27%，而安艺地区人口增长了84%，几乎翻倍。与之相对的是耕地面积没有变化，所以生活非常艰苦。

即使经济陷入困境，安艺人也没有像其他地区那样掐死初生的婴儿，而是为了伙食费拼命工作。出外打工就是安艺人的一种谋生方式，当然移居海外谋生也成为一种选择。

广岛县的重要数据和知名人士

广岛县在日本名列第一的几个领域

领域	数值
经营御好烧、炒荞麦米、章鱼烧的店铺数量（2014年）	1,656 间
沙司消费量（2008年）	2,832 毫升
海贝捕捞量（2013年）	106,455 吨
购买化妆品的费用（2011年）	37,706 日元
游客中欧美人的比例（2010年）	78.3%

广岛县出身的名人

政界：

龟井静香（庄原市）

岸田文雄（广岛市）

佐藤公治（尾道市）

中丸启（东广岛市）

小林史明（福山市）

松井一实（广岛市）

汤崎英彦（广岛市）

商界：

冲牙太郎（新庄村），冲电气工业创始人

田口谦吉（广岛市），参天制药公司创始人

水野甚次郎（第四代），（宫原村），五洋建设公司创始人

和合英太郎（广岛市），日冷公司创始人

森下博（福山市），森下仁丹公司创始人

久保田权四郎（大浜村），久保田公司创始人

松田重次郎（仁保岛村），马自达公司创始人

大下大藏（祇园町），FUMAKILLA 公司创始人

竹鹤政孝（竹原町），日华威士忌公司创始人

廿日出要之进（大长村），AOHATA 食品公司创始人

吉田五郎（福山市），佳能公司创始人

涩谷升（芦田町），福山通运公司创始人

松井义男（吴市），大和精工创始人

八谷泰造（山内东村），日本触媒公司创始人

吉原贞敏（尾道市），东京铁钢公司创始人

涌永满之（甲田町），涌永制药公司创始人

金田邦夫（坂町），明星文具公司创始人

松尾孝（广岛市），卡乐比公司创始人

土居君雄（广岛市），相机土居公司创始人

武田正彦（吴市），日本皮尔·卡丹公司创始人

岩濑顺三（尾道市），kk畅销书出版社创始人

成宫雄三（广岛市），成宫国际公司创始人

田岛治子（濑户田町），酒井搬家中心创始人

矢野博丈（东广岛市），大创产业、TheDAISO公司创始人

须野田诚（福山市），早稻田学院创始人

文化界：

的川泰宣（吴市），宇宙工学家

阿川弘之（广岛市），作家

井伏鳟二（加茂町），作家

太下英治（府中町），作家

铃木三重吉（广岛市），作家

高桥源一郎（尾道市），作家

松本清张（广岛市），作家

东川笃哉（尾道市），作家

川口开治（尾道市），漫画家

中泽启治（广岛市），漫画家

满田拓也（福山市），漫画家

和田慎二（吴市），漫画家

三宅一生（广岛市），服饰设计师

大林宣彦（尾道市），电影导演

长谷川和彦（东广岛市），电影导演

渡边和博（广岛市），插图画家

后信治（三原市），动画导演

兼森义则（吴市），动画作家

演艺界：

浜田省吾（竹原市），音乐创作人、歌手

矢泽永吉（广岛市），音乐家

世良公则（福山市），音乐家

吉川晃司（府中町），音乐家

门多义则（福山市），音乐家

奥田民生（广岛市），音乐家

西城秀树（广岛市），歌手

高桥真梨子（廿日市市），歌手

绫濑遥（广岛市），演员

户田菜穗（广岛市），演员

真矢美纪（广岛市），演员

田中卓志（府中市），UNGIRLS 搞笑组合成员

山根良显（广岛市），UNGIRLS 搞笑组合成员

有吉弘行（熊野町），"猿岩石"搞笑组合成员

岛田洋七（广岛市），原 B&B 搞笑组合成员

原田泰造（广岛市），"海王星"三人搞笑组合成员

体育界：

新井贵浩（广岛市），广岛东洋鲤鱼职业棒球队球员

梵英心（三次市），广岛东洋鲤鱼职业棒球队球员

西村健太朗（府中町），读卖巨人职业棒球队球员

大田泰示（三次市），读卖巨人职业棒球队球员

新井良太（广岛市），阪神虎职业棒球队球员

柳田悠歧（广岛市），福冈软银鹰职业棒球队球员

中田翔（广岛市），北海道日本火腿斗士职业棒球队球员

森崎和幸（广岛市），广岛三箭足球俱乐部成员

森崎浩司（广岛市），广岛三箭足球俱乐部成员

增田卓也（广岛市），广岛三箭足球俱乐部成员

宫原和也（广岛市），广岛三箭足球俱乐部成员

冈本绫子（东广岛市），女子职业高尔夫选手

广岛县的风味美食

牡蛎料理

广岛的牡蛎产量占全国的 70%,据说牡蛎养殖始于 16 世纪中期。

广岛湾,整年海流平稳,还有六条河流注入,作为饵料的浮游生物丰富。这些条件非常适合牡蛎养殖。

牡蛎料理中最受欢迎的是炖被锅。营养丰富的、被称为"海洋牛奶"的牡蛎,可以吹散冬天的寒冷,是广岛人精力充沛的源泉。

鲷鱼糕

鞆之浦(位于福山市)地区,包括鲷鱼在内的海产品丰富。在 5 月份左右鲷鱼的产卵期,由几艘捕鱼船协调追击鱼群,这种捕捞方式称为"鲷网"。用捕捞的小鲷鱼为原料制作的鲷鱼糕,味道上佳,广受欢迎。

广岛烧

广岛烧有两大特点，一是小麦粉加水和面，摊成薄饼状烤制成饼坯，然后加蔬菜和肉类卷成卷，放锅里蒸，既有烤的味道又有蒸的味道。与普通的"混合烧烤"法口感不同。

还有一个重要特点就是要加炒荞麦面和豆芽菜，这是广岛烧同御好烧的根本区别。

在食用做好的广岛烧时，一定要使用广岛出产的御多福沙司。

红叶馒头

曾经风靡一时的相声组合 B&B（（岛田洋七和岛田洋八二人），每次在电视上表演时，标志性的语言就是"广岛的红叶馒头"。紧实的面皮和甜度控制适度的馅料巧妙搭配，做得的红叶馒头既可以做小孩子的零食、还可以当大人的茶点，是广岛最具代表性的点心。

中国人不可错过的广岛县景点

渝华园

为纪念广岛市与重庆市建立友好关系五周年，1992年在广岛市内的中央公园建成的中国式庭园。建造时使用重庆市提供的图纸，施工过程完全按照中国的造园理论和方法。

渝华园面积约1700平方米。园内有游廊和凉亭、牌楼等传统建筑物，以及水池、树木、假山，让人联想到中国。周围的围墙有镂空的花窗，别有一番情趣。

常国寺及鞆之浦历史民俗资料馆

常国寺是位于福山市鞆之浦的日莲宗寺院。因为濑户内海不时有海潮逆流现象，妨碍行船，往来的船只只能停船等待海流恢复正常，称为"待潮"。从古至今，船只一般都在鞆之浦待潮，室町时代（1333年—1573年）明朝来的商船也经常在此停留。

室町时代末期，鞆之浦迎来了政治上的重要转机。被织田信长驱逐的足利幕府的最后一任将军足利义昭于1576年来到此地，并在此成立了所谓的流亡政府（称为鞆幕府）。

足利义昭之所以能在鞆之浦维持政权，全赖当时在西日本一带，保持了强大实力的战国大名宗氏和岛津氏。他们都因与明朝的贸易获取了巨大收益，支撑了流亡政府的财政。

足利义昭最初的落脚点在小松寺（奉光严天皇的诏书起兵追讨新田义贞的第一代将军足利尊后来在此罢兵）。之后，在周边地区修建了几处寓所，足利义昭又被称为"鞆公方（公方为室町时代对将军的尊称）"。

其中之一就是鞆城的遗迹（今鞆之浦历史民俗资料馆所在地）。城的一角是枯山水的庭园，现在成了市属停车场旁普通民宅的庭院。

常国寺位于鞆城以北五公里的地方。是当时支持足利义昭的地方势力中渡边元的菩提寺，足利义昭曾在此居住。保留至今的当年文书上记载着"那年，公方曾驾临常国寺"。

足利义昭为感谢渡边的款待，无偿为常国寺修建了唐门，渡边将此门命名为将军门。唐门保留至今，是市级重要文物。

常国寺内还栽种着楷树。在中国山东省济宁市曲阜的孔子墓(孔林)内,生长着据说当年孔子的弟子子贡亲手种植的楷树，后来由枥木县足利市的足利学校引进日本种植。

与中国各省市有友好交往关系的行政区

广岛县——四川省

日中邦交正常化十后的 1982 年 10 月,日中友好广岛县议会访华团访问了四川省。同年 12 月,四川省经济考察团到访广岛县,翌年的 1983 年广岛县接收了四川省派遣的农业研修生。

随着各领域的交流活动增多,双方建立友好合作关系的时机逐渐成熟,1984 年双方达成基本一致意见,同年 9 月举行了友好合作协议签字仪式。

广岛市——重庆市

1980 年起,广岛市议会访华团连续多次访问重庆市,两市间的友好关系不断深化。

1984 年,广岛市文化、体育领域的相关人士访问重庆市,双方的交流领域不断拓展、友好关系不断发展,1986 年 10 月,两市签订了友好合作协议。

三次市——雅安市雨城区（四川省）

1988年11月，四川省政府的相关人士访问了三次市，三次市市长提出希望四川省政府推荐开展友好交流的城市。翌年的1989年，四川省政府向三次市推荐了雅安市（当时为县级市）。

1990年，三次市市长礼节性拜访了雅安市人民政府，针对今后的交流发展双方认真交换了意见。在后续的互访中，双方的交流计划有序推进，1992年5月，签订了友好城市合作关系推进协议。同年10月正式成为友好合作城市。

2000年11月，雅安市（县级市）改为新的雅安市（地级市）雨城区，继承了与三次市的友好交流关系。在建立友好合作关系即将迎来10周年之际，为进一步扩大交流范围，2001年5月三次市与雨城区签订了友好合作关系备忘录。

庄原市——绵阳市（四川省）

1989年庄原市代表团访问绵阳市，双方就建立友好合作关系达成了基本一致。翌年的1990年9月，以绵阳市副市长为团长的友好访问团到访庄原市，双方签订了关于开展经济技术合作的协议，双方开始了友好交往。

大竹市——都江堰市（四川省）

都江堰市市长作为四川省友好访问团的成员访问广岛县时，对大竹市工业区建设非常感兴趣，从此双方开始了交流。

1993年，受都江堰市市长邀请，大竹市代表团访华，双方协商后达成一致意见，认为工业发达的大竹市与自然资源丰富的都江堰市之间开展交流活动，对双方都有积极意义。1995年，双方签订了促进双方发展友好合作关系的协议。2001年4月正式签订了友好城市关系协议。

东广岛市——德阳市（四川省）

广岛县与四川省于1984年正式建立了友好合作关系后，1988年广岛县的商工会劳动部长访华，当时德阳市表达了与东广岛市建立友好合作关系的意愿。

此后两市开始互访，1991年，东广岛市市长访华，翌年的1992年德阳市人民代表大会常务委员会主任访问了日本。

两市首先签订了努力促进建立友好合作关系的备忘录，并在1993年10月正式签订了友好城市关系协议。

十 岛根县

一个历史悠久、富有神秘色彩的地方。

简　介

以"伊势"闻名的三重县、以"出云"闻名的岛根县，都是奈良时代（710年—794年）平安时代（794年—1185年）众多日本人要去拜访的地方。但是两地居民的性格差异非常之大。这种差异的产生大概是因为两地与京都的距离不同。

从京都出发到伊势只有大约140公里，但是到出云则有340公里之多。在没有汽车的古代，从京都到伊势需要走4天，到出云则需要10天。

从首都来到出云，旅途遥远，人们肯定疲惫不堪，出云人则给予热情接待和照顾。人都说出云人古道热肠。

既然有这样的传统，所以据调查统计，岛根县参加志愿者活动的比例位于全国第一（2011年数据统计）。岛根人对于"公共事务"的重视，远超个人的兴趣爱好、娱乐还有学习。只是因为离首都过于遥远，当地朴实少语、腼腆的人居多。

松江位于出云地区的中心位置，曾是德川家直属的松平氏作为藩主的大名所在城市，隐约透着一股傲气。

同在岛根县，靠近山口县的旧石见国从古代起，很多人出外谋生、经商，与其他地区交流较多。受此影响，当地人比出云地区精通世故，"石见"这个名字给人坚硬的印象，但是名不副实啊。

岛根县的与众不同
　　①出云体育馆是日本第一个全木结构的圆屋顶体育馆。
　　②世界上第一罐装咖啡是由滨田市的咖啡店主人制作的。

岛根县的地理状况和气候条件

岛根县位于山阴地区的西部，西北方向面临日本海，东南方向与中国山地相连。远离陆地的隐岐岛和竹岛（韩国称独岛）也归岛根县所属。

岛根县由旧出云国、石见国、隐岐国三个藩国组成。现在仍旧分为东部的出云、西部的石见以及海上的隐岐三个地区。

出云地区，以首府所在地松江市为中心，包括出云大社所在的出云市，以"安来祭"闻名的安来市以及岛根县唯一一个不临海的市云南市。

岛根半岛的中海对面是鸟取县的米子市和境港市，在经济、文化等方面对岛根县临近地区有相当大的影响。

石见地区，过去是滨田藩的城下町（大名所在城市），包括了现在岛根县中心城市之一的滨田市、石见空港所在的益田市、世界遗产石见银山所在的大田市、山阴地区人口最少的江津市等地区。

隐岐诸岛位于岛根半岛的东北约65公里处，共计有180

余个小岛。其中的西之岛、中之岛、知夫里岛（合称岛前）和岛后四个岛上有人居住。

岛根县全境属于日本海式气候，总体稳定，至少在沿岸地区没有大的降雪。

具体可以细分为三个地区。出云沿岸地区以及宍道湖周边所在的东部沿海地区，与西部的石见地区相比平均气温低，松江市1月平均气温为4.3℃，与京都市和名古屋市基本相同。

年降雪量大约89cm，比米子市的133cm差不少。夏季夜晚只有几天是炎热天气。

滨田市、大田市、益田市等地所在的西部沿岸地区，冬季气温较高，1月平均气温约5.0℃—6.0℃，与东京都和大阪市接近。雨水较多，很少积雪，最多只有几公分。夏季也没有酷热天气。

内陆地区是岛根县内冬季最为寒冷的地区。1月平均气温在0℃—3.0℃。极端温度可以达到-15℃左右，西部除津和野町、吉贺町，其余地区被指定为暴雪地区，高海拔地区积雪可达一米，但是夏季凉爽，夜晚也很舒适。

岛根县的相关数据

面积：6,708.24平方千米

总人口：690,560人（截至2016年6月1日）

人口密度：103人/平方千米

临近都道府县：县鸟取县、广岛县、山口县

岛根县人的性格特征

位于山阴地区的岛根风格竟然与东北地区接近

有独特行事风格的竹下登前首相（云南市出身）让极端低调的岛根县一举成名。

号称"参议院关键先生"的青木干雄前官房长官（自民党）也是岛根县（出云市）出身。

两人的共同点是从他们身上看不到一般政治人物惯常的咄咄逼人的态度。

岛根县人具有鲜明的性格特征，可以说是山阴地区的集中体现，用一个词总结就是"低调"，说的难听点就是"阴暗"。

岛根县自杀死亡人数在全国居第四位，自杀率在岩手县、秋田县之后，居全国第三（2013年数据统计）。

岛根县与秋田县有不少共同之处。

松本清张的名作、后来被改编为电影《砂器》，其中有这样的剧情，犯罪嫌疑人的口音非常像东北方言，警察调查后发现,是岛根县龟嵩町（旧仁多町,今奥出云町）一带使用的方言,因此案情得以迅速取得进展。

岛根县的部分地区,使用与秋田话相近的东北方言,在语言学上研究表明,由心里因素、气候条件造成的生理方面的影响是其中之一。

比较让人容易接受的说法是,最初日本列岛的形状与现在不同,当时岛根县与秋田县所在的地区是一个整体,后来,地壳运动导致两地分离,地理位置上距离愈来愈远,但是两地还保留了语言的一致性。

从其他方面看,岛根县与秋田县也有不少共同点,岛根县因不良生活习惯导致的疾病致死人数（2010年每10万人）居全国第六位（秋田县居第一）。因恶性肿瘤（癌症）死亡人数（2010年—2011年每10万人口）居全国第二位（秋田县居第一）、因脑血管疾病死亡人数（同上）居全国第十位（秋田县居第三）,两个地方可谓伯仲之间。

不良生活习惯导致疾病的原因之一就是精神压力。精神压力也是导致高自杀率的最重要原因。

总之,岛根县人,不善于缓解和释放人际关系产生的精神压力,这是封闭社会特有的现象。

出人意料的是石见人开朗外向

在平原与农田很少的岛根县,石见地区很独特,正如名字一样,当地目力所及全是石头,根本无法进行农业耕作。"日本百个梯田"中，石见地区就入选了四个，由此可见一斑。

虽然平地不多，但是眼前就是宽广的大海，人们想到的谋生手段首选就是渔业。整日里与不听话的大海打交道，难免脾气暴躁。

但是，当地人并非全都从事渔业，自古以来还有很多人出外打工谋生。离开家乡，到遥远的未知地区，需要极大的勇气，如果没有积极、外向的态度，很难坚持下来。在这个过程中，还能把其他地区的文化特点带回家乡。

通过经商或渔业生产交流，石见地区具有山阴地区很少见的积极开朗的性格特征。

石见人思想单纯、说话直率，他们开朗的性格，是长期在自然环境中磨练而成的。

究竟是外向还是内向？令人无法理解的出云人

与石见地区不同，出云地区自古以来就是开放地区。与伊势神宫并称的日本古老观光热点出云大社建在此处，自中世纪起来此参拜的人就络绎不绝。每日与来自日本各地的人接触，导致当地人对新鲜事物非常感兴趣。

出云大社供奉着创造了日本这个国家的各路神仙。在这个"神仙聚会"的地方，至少从古代的邪马台国时起就有人居住，当地人态度认真，工作勤勉。

据说出云大社创建于公园前 660 年或更早，每年 10 月全国各地的神仙要来此聚会。出云以外地区就没有神仙了，所以

10月称为"无神月",与之相反出云的十月称为"神在月"。

出云大社规模宏大,在鸟居前就已经能感受一种神秘感。在满眼的绿色之中,分布着各色宫殿,其中很多都是国宝及重点文物。似乎岛根县内不多的平地全都被出云大社给占用了。

但是,在山阴地区,每天早晨迎接的不是"初生的太阳",而是"漫天的云",这种气候状况让当地人学会了忍耐,性格内向、保守,对新生事物不太关心。因此还诞生了"出云门罗主义"这样的词,充分说明了当地人的排外情绪。

根据《记纪》一书记载,出云原本是大国主命创立的国家,后来他将国家让与了大和民族。

究竟是让出来的还是抢过来的无从考证,如果是被强夺的,出云人肯定对大和民族抱有敌意、反感或是憎恨。也许因此出云人才有了排外思想。但是,一旦与出云人混熟了,他们又会和你亲密无间。

对于当地人来说近在咫尺的出云大社就是心灵的寄托所在,在他们心中有不少鲜为人知的关于出云的故事。如果能抱着诚意与他们沟通,肯定可以了解很多宣传材料中没有的事情。

充满高雅氛围的隐岐

隐岐国由日本海中的隐岐岛和周边岛屿组成。因为与韩国有领土纠纷而经常在电视新闻中出现的竹岛也在这一地区。

周围被日本海包围,与其他地区隔绝的隐岐人生性朴素腼腆。

但是与高知县相同,隐岐所在地曾经做过流放地,镰仓时代（1185年—1333年），后鸟羽上皇和后醍醐天皇曾被流放到此地。

遭到流放的人，虽然都是被从正常社会排挤出来的，但是他们自身肯定具有某种独特的能量和能力，这种能量和能力对新环境中的人不可避免地造成强烈冲击。

日常与这些人打交道，受到大城市文化和风俗的熏陶，加上隐岐人对新生事物毫无保留地吸收的特点，隐岐人也养成了镇定高贵典雅的性格。

也许岛根县是最理想的生存之地

岛根县，高龄人口众多。65岁以上老年人口比例在全国居第三（2014年数据统计，第一是高知县，第二是秋田县），因此劳动力人口有限，导致大企业不多，经济状况不好。

岛根县的自然条件也让人无可奈何。森林面积居全国第四位（2012年数据统计），可居住面积比例居第37位（2011年数据统计），就是想干点什么也没有地方。

但是令人意外的是在社会福利方面岛根县名列日本前茅。

县、市、町、村的社会福利预算费用（人均）居全国第三，老人福利费用(65岁以上人口人均)居第五位。社会教育经费(人均)居全国第一，为青少年、成人、妇女、老人举办的讲习班数量都在全国前三位。

福利水平如此之高，是因为岛根县每年从国家得到巨额资金补贴，比如2011年公共事业费补助1461亿日元，2012年地方税补助达3441亿日元。

大约是为此感到惭愧，岛根县参加志愿者行动人员比例（2011年，10岁以上人口中在过去的一年中参加过志愿者行动的比例）达到34.8%（依据总务省的调查），居全国第二位，大幅超过全国平均水平的26.3%。

其中一个原因是老年人口比例高，相互扶助的精神在全县渐渐推广开来。100岁以上老人达到82.46人（每10万人），位居全国首位（2013年数据统计）。当然因自然衰老死亡的人数也是全国最多的。

岛根县的重要数据和知名人士

岛根县在日本名列第一的几个领域

领域	数值
竹荚鱼捕捞量（2013年）	38,529吨
墨鱼消费量（2008年）	7,366克
鲅鱼消费量（2008年）	2,570克
蛋黄酱、色拉酱消费量（2008年）	5,736克
100岁以上老人人口（每10万人）（2013年）	82.46人
托儿所数量（每10万人）（2010年）	39.05个
男性参与做家务的比例（2011年）	19.1%
地方政府公务员人数（每100人）（2009年）	3.27人
店铺数量（2014年）	461间
非物质文化遗产数量（2015年）	19件

岛根县出身的名人

政界：

  竹下登（云南市）

  青木干雄（出云市）

  竹下亘（云南市）

  细田博之（松江市）

  樽床伸二（云南市）

  齐藤铁夫（邑南町）

  岛田三郎（安来市）

商界：

  岩谷直治（大田市），岩谷产业创始人

  佐藤忠次郎（松江市），三菱马恒达农机公司创始人

文化界：

  三个月章（滨田市），法学家

  安野光雅（津和野町），画家

  永井隆（松江市），医学博士、作家

  法月伦太郎（松江市），作家

  森鸥外（津和野町），作家

幸增信行（大田市），漫画家

园山俊二（松江市），漫画家

田中政志（江津市），漫画家

长谷川润（滨田市），漫画家

平川绫（出云市），漫画家

大塚康生（津和野町），动画制作人

舛成孝二（津和野町），动画导演

森英惠（吉贺町），服装设计师

小原云心（松江市），花道、插花小原派创始人

演艺界：

竹内玛利亚（出云市），歌手

锦织健（出云市），歌剧歌手

江角真纪子（出云市），演员

田中美佐子（海士町），演员

黑暗大和（吉贺町），魔术师

体育界：

梶谷隆幸（松江市），横滨海湾星职业棒球队球员

白根尚贵（松江市），横滨海湾星职业棒球队球员

杉原洋（出云市），横滨海湾星职业棒球队球员

东方伸友（滨田市），福冈软银鹰职业棒球队球员

福山博之（云南市），东北乐天金鹰职业棒球队球员

和田毅（出云市），福冈软银鹰职业棒球队球员

江角浩司（出云市），富山胜利足球俱乐部球员

大屋翼（江津市），大宫松鼠足球俱乐部球员

高桥壮也（松江市），广岛三箭足球俱乐部球员

藤浦望（松江市），浦和红宝石足球俱乐部球员

锦织圭（松江市），职业网球选手

岛根县的风味美食

出云荞麦面

出云荞麦面的代表，是割子荞麦面。荞麦面盛在朱漆小碗中，特点是呈黑色，香味重，有筋道。割子荞麦面的制作方法独特，荞麦面粉是带壳一起磨好的，而且只加入极少量的增稠剂。汤料也很讲究，当地有"香气三分味三分,汤汁也要占三分"的说法。

煮芋头

作为以芋头为主要原料的炖煮食物，煮芋头是津和野地区从古代传下来的一种料理。青野山山麓的笹山地区，是火山灰土质，在这里种植的芋头肉质细腻，有筋道。

制作过程简单，选个头不大的芋头用文火长时间炖，将小鲷鱼干掰碎放入锅中，加盐、淡味酱油、以及日式料酒调味，看上去清淡的芋头就成了一道美味。

出云荞麦面

箱寿司

江户时代，石见银山成为幕府领地，当地官员和差役都要从江户直接委派。同行而来的家眷们将江户的习惯带到了当地，并带来了江户料理，箱寿司就是其中之一。与江户的区别在于使用了本地的食材。

米饭上加牛蒡、胡萝卜、干香菇、葫芦干，然后加锦系卵（摊鸡蛋切成细丝）调色，有时也添加些树芽或春菊等季节性的山菜。

中国人不可错过的岛根县景点

石见银山

据说镰仓时代（1185年—1333年）就在此发现了银矿，随着时间流逝，生产技术取得了突破性的进步，1526年由九州、博多（今福冈县）的大商人神屋寿贞正式开采。

与日本隔海相望的中国，在14世纪后期由元朝进入明朝，商业活动日渐活跃，使用的货币也从铜钱转向白银为主。但是当时中国的白银产量不足，为弥补缺口，开始从产量占世界三分之一的日本进口白银，其中的大部分都是石见银山出产的。

当时，石见银山生产的白银品质非常好，在东亚的贸易中信用很高。由此，石见银山成为16世纪欧洲知道的唯一的日本银矿，当时欧洲制作的亚洲地图和日本地图上，石见银山附近标记为"银矿山王国"或"银矿山"。

雪舟之乡纪念馆

1990年10月，在益田市开放的雪舟之乡纪念馆，模仿赐予"画圣"雪舟"禅宗堂首座"称号的、位于浙江省宁波市的景德禅寺建造。

陆续在景德禅寺修行的日本僧侣还有临济宗的开山始祖容西以及曹洞宗的开山始祖道元等众多高僧，但是被授予"禅宗堂首座"的只有雪舟一人。

从明朝回到日本的雪舟在九州、山口等地辗转，受益田城主的邀请来到崇观寺（今医光寺）做住持。据说医光寺的庭园就是由雪舟主持建造的，现在被列为国家级文化遗址和名胜。

后来，雪舟曾一度返回周防国（今山口县），后来又到益田，在东光寺（今打喜庵）度过晚年，1506年，87岁时去世。

纪念馆位于雪舟的墓地打喜庵旁，里面陈列着介绍雪舟和益田市历史的资料和展品。

与中国各省市有友好交往关系的行政区

岛根县——吉林省、宁夏回族自治区

在日中邦交正常化20年后的1992年11月,吉林省的研究人员参加了在松江市举办的国际研讨会,并就经济交流交换了意见。1994年6月,岛根县知事访问了吉林省。会谈后双方就签订了友好交流备忘录,约定在经济、学术、文化、自然保护等方面开展广泛交流。20多年来双方的交流一直没有间断。

与宁夏回族自治区的交流,始于1990年宁夏社会科学院的研究人员参加在松江市召开的"日中交流会议——丝绸之路与山阴"。翌年的1991年,滨田市友好亲善访华团参加了在银川市举办的"宁夏国际黄河文化节"。之后,双方的交流不断深入,1993年10月,签订了友好合作协议。

松江市——杭州市(浙江省)、银川市(宁夏回族自治区)、吉林市(吉林省)

到杭州市旅游的松江市市民回国后发表感想文章中提到"西湖与宍道湖相似,是一个阳光明媚的地方"。1994年松江市派遣政府代表团正式访问杭州。随着双方在体育、教育等方面的交流顺利开展,松江市市长向杭州市提议建立友好合作关系。

之后,双方的交流进一步扩大到经济领域及旅游,建立合作关系的时机日渐成熟,2003年10月,两市签订了友好交流协议。

与银川市的交流始于1994年,双方之间开展了包括派遣研修人员在内的人员交流以及体育交流,2003年10月,签订了友好合作协议。

与吉林市的交流,是在1994年6月岛根县和吉林省签订友好交流的备忘录后,吉林省方面向松江市推荐了吉林市。

之后通过互访双方加深了了解,关系发展顺利,1998年,两市市长就建立友好关系达成一致意见,翌年的199年11月,签订了友好城市关系协议。

滨田市——上海市普陀区真如镇、石嘴山市(宁夏回族自治区)、荣成市(山东省)

1989年金城町(今滨田市)议会代表团对上海市普陀区真如镇进行了亲善访问。之后两地间开始了少年儿童的绘画交流。

此后金城町为促进开展友好交流活动成立了日中友好交流促进世话人会,双方多次互访人员往来密切,1991年4月,签订了备忘录。2005年金城町与滨田市合并成为新的滨田市，翌年的2006年10月，与真如镇签订了新的合作协议。

1991年10月，宁夏回族自治区的代表团访问岛根县，随团的石嘴山市代表到访了滨田市，就此，两市间的交流活动开始。1994年11月，双方签订了友好城市合作协议。2005年组建新的滨田市后，翌年2006年10月，双方再次签订了合作协议。

1992年7月，山东省荣成市市长向滨田市市长发出邀请，同年10月，滨田市友好访华团第一次到访荣成市。之后，双方的渔业、政府职员相互交流，1995年8月，签订了友好城市关系协议。新的滨田市诞生后，2007年9月，双方再次签订了友好合作协议。

出云市——汉中市（陕西省）

出云地区和汉中地区，都是古代国家形成过程中的主要城市。1990年8月，出云地区的日中友好协会，为与中国开展友好交流到陕西省考察访问之际，省政府相关人员推荐了汉中地区。之后双方的行政首脑带队互访，就建立友好关系事宜具体协商，1991年7月缔结了友好关系协议。1996年11月，汉中地区升格为汉中市，双方正式签订了友好城市关系协议。

益田市——宁波市（浙江省）

前文提到的"画圣"雪舟，在将满50岁时，远渡大明朝，在中国各地辗转，学习掌握了水墨画的精髓。最后雪舟在益田度过了人生的最后时光。

据说在天童山景德禅寺雪舟曾获颁"四明天童山禅宗堂首座"称号，景德禅寺就在浙江省宁波市。益田与宁波市因雪舟，在500年前就有了联系。

1988年之后，双方就建立友合作事宜多次协商，1991年10月，签订了友好合作交流协议。

之后，双方在文化、体育、农业、经济等各方面开展了广泛合作并多次互访，益田市还接收了宁波市派遣的研修生。

町隐岐岛町——秦皇岛市抚宁县牛头崖镇

由出身于都万村（今隐岐岛町）的中日合资企业社长从中牵线搭桥，双方开展了交流。

1994年6月，都万村政府助理等共三人访问牛头崖镇，双方协商了签订了友好协议事宜，同年11月，牛头崖镇镇长等七人回访都万村，双方签订了友好合作协议。

2004年都万村与其他地区合并为隐岐岛町，双方的友好协议得以继承。

十一 山口县

拥有"小京都""政治家的摇篮"之美称。

简　介

萨摩（今鹿儿岛县）和长州（今山口县）领导了日本历史上绝无仅有的惊天大业即明治维新（1868年）。当时位于萩市的松下村塾（吉田松阴主办），培养了众多的维新元勋。山口县人至今仍尊称吉田松阴为先生。

但是如此浓烈的乡情很容易树敌，导致西乡隆盛和江藤新平被过去的同志所排斥，像他们这样参与维新而没能留在新政府里的不在少数。

山口县位于本州岛最西端。位于日本这样小岛国边缘的地区，总好像积蓄着某种特别的能量。"把边儿"的地理位置养成了山口县人的特殊性格。

下关位于日本最边儿上的位置，从江户时代（1603年—1867年）到明治时代（1868年—1912年）中期，是日本物流的主力"北前船"的停泊地。作为日本海连接濑户内海的交通要冲，一度极尽繁华。

山口县与朝鲜半岛和中国比较近，很早以前就有相互交流。

山口县人积极面对异国的文化习惯，具有进取精神。过圣诞节、演奏西洋音乐这些风俗都是始于山口县的。

山口县的与众不同：

①山口县出身的首相（菅直人除外）人数达到八人，是日本各行政区中最多的，总计在职时间也最长。

②设置路边休息区（道站）是山口县人提议的。

山口县的地理状况和气候条件

山口县北临日本海，西临响滩、南临周防滩和濑户内海，除东部的一小部分，三面是海。

发源于中国山地的若干条河流横穿山口县的中部，内陆的沿河地区有盆地形成，但是沿海地区平坦土地较少。

山口县位于本州岛的最西端，与九州岛的交流较多。山口县的大部分地域属山阳地区，北部的萩市及长门市附近属山阴地区的西端。

山口县由旧长门国和周防国所在地区组成，又称"防长"。而且两地都曾由毛利氏长期统治，因此在江户时代，两地统称为"长州藩"。

首府所在地山口市又称西京都，即西京。但是从经济规模看，下关市、宇部市、周南市、岩国市等地都在山口市之上。产业和经济方面，西部与福冈县、北九州地区联系紧密，东部与广岛县联系紧密。

内海和外海连接、山地多、东西跨度大等地理条件，造成山口县各地气候差异很大。

岩国市、柳井市等东南部地区温暖多雨,梅雨期降水量特别多。夏季多炎热夜晚。冬季与夏季相比,降水少,日照时间长,降温比较明显。降雪不多,当受到强冬季气压场控制时,云层会越过中国山地带来降雪。

长门、关门地区,受日本海海岸附近对马海流以及海风影响,是山口县内最温暖的地方。但是夏季夜晚高温天多,下关市年平均达35.5天。冬季受西北季风影响,多云天居多,因为气温较高所以没有积雪。

内陆地区西部夏季中午时气温上升较快,但是夜晚降温明显。冬季降水量稍多,特别是受冬季气压场控制时,会形成雨、

日本三大名桥之一锦带桥,位于山口县岩国市的锦川河上,是一座五孔石墩木拱桥,是由当时的藩主吉川广嘉仿中国杭州西湖苏堤上的虹桥造型修筑而成的。

雪天气，每年冬季都有几次形成 5—10 cm(或以上)积雪的情况。

　　内陆地区东部沿中国山地，虽然纬度低但稍感寒冷。降雪量不是很大，但是会形成积雪。山口市的阿东地区与岛根县的暴雪地带相连，经常出现积雪达数十厘米的情况。

山口县的相关数据

　　面积：6,112.30 平方千米

　　总人口：1,397,471 人（截至 2016 年 6 月 1 日）

　　人口密度：229 人/平方千米

　　临近都道府县：岛根县、广岛县、福岛县

山口县人的性格特征

明治维新后的自信心和表现欲

　　山口县可能不为人熟悉，但一旦提到"长州"，就几乎人人皆知了。山口县位于本州岛的西端，明治维新时，起到了决定今后日本走向的作用。

　　当然，萨摩、土佐（今高知县）、肥前（今长崎县与佐贺县），也承担了相当的责任，但是在维新政府中握有实权的伊藤博文、木户孝允（桂小五郎）、山县有朋等人，几乎都是长州藩出身。他们每天面对从未经历过的困难，披荆斩棘，最终引导日本走向了近代化。

　　过去曾经有大藏省（今财务省）的高级官僚扬言："是我们推动了日本发展。"让人想到山口县人与此类似的无与伦比的强烈自豪感。不论男女，不论地位高低，山口人心里都有这样的自信。

　　以伊藤博文为首，大正（1912年—1926年）、昭和（1926年—1989年）到如今的平成（1989年—）时期，山口县出身的首相众多。而且都是官僚（即公务员）和军人出身。

比如岸信介（现任首相安倍晋三的祖父）和佐藤荣作兄弟，都曾担任过首相职务，两人都有一副高高在上的派头，自负而且爱憎分明，是典型的山口县人特点。

心理学家宫城音弥指出，山口县人具有热情的理想主义倾向。司马辽太郎分析认为山口县人极端地追求理论上的纯粹，缺点是过于重视理论轻视现实。

吉田松阴的生存方式就是真实写照。山口县人的特点是能干事，而且干得很好，但是干得越好越招人嫉妒，到处树敌，所以他们非常不适合做商人。

还有就是表现欲强。俗语说"萨摩的大灯笼"，相对的还有一句话就是"长州的小灯笼"。萨摩人以西乡隆盛这个"大灯笼"为首，团结一致采取行动，而长州人是每人提一个小灯笼，做任何事都是以自我为中心，打自己的小算盘。当然这也是过度的自信与荣誉感导致的结果。

但是山口人的能量还是非常强大的，因此山口县涌现出了众多的商界。比如优衣库的柳井正、善邻株式会社的原田康，更早一些有鲇川义介（日产）、久原房之助（日立公司）、藤田传三郎（藤田组，即现在的 DOWA 控股）等等。他们经营的全是世界级的大公司。

山口县人是日本最喜欢争辩的吗？

山口县人过度自信，还表现为喜欢争辩。这一点令人想起信州（长野县）人，两个地方不相上下。

如果仔细分析，会发现山口县和长野县真是有不少共同之处。俗语不但有"长州的小灯笼"，还有"信州的小灯笼"的说法。两地还都非常重视教育。值得一提的是，在山口市建有供奉着日本学习之神菅原道真的防府天满宫，这个祭祀场所是在菅原道真去世一年后的904年落成的，历史悠久。

据说在山口县，很多患者会毫无顾忌地向医生表达自己的意见，"你看，那个医生是这样讲的""这本书上是这样写的"，等等。面对这种情况，当地出身的大夫还能对付，其他地方出身的医生肯定无法工作了。在山口县内医院工作的大夫，几年之内辞职的不在少数。

山口县人说话时语气强硬。山口县人表情严肃、唾沫星横飞议论问题时，与朝鲜半岛的人给人留下的印象差不多。朝鲜半岛的人们讲话时，虽然听不懂内容，总好像吵架一样。

实际上，山口县与朝鲜半岛很近。下关和釜山之间的航线始于1905年，现在两地之间还有渡轮往来，单程用时不到一天。

长门国的大部面临日本海，下关位于西端（日本海与濑户内海的交汇处），古时就与大陆有往来。

近代时下关成为西侧绕行航线的中转站。到幕府末期，与外国有了频繁接触，曾遭到过英国军舰的炮击。

很多关于国外的知识，过去仅仅记载在书本里，但是在这里却能亲眼看到亲身感受到。长州藩的主张从攘夷迅速转向开放，与此有很大关系。

山口县还包括另外一个藩国即周防国。周防国地处山阴地区，面临濑户内海，形成了包括柳井市、周南市、防府市、岩国市、光市等地在内的工业区。

与山阴地区的长门国完全不同，周防国人开朗善交际，稳重而悠然自得。还有就是擅于经商，说山口县的经济全依仗周防国一点也不为过。

太平洋战争时，这里设置有海军基地，战后，建成了石油精炼厂，成为濑户内海工业地带的组成部分。

但是，首府所在地山口市则另当别论，这里几乎与经济无缘，只是山口县的政治和文化中心。山口市号称"西京都"，道路规划的如同围棋盘，神社、寺院众多，仿佛是京都的复制品。

在室町时代（1336年—1573年）初期，周防国的豪族大内氏，为建设与京都相似的城市选择了这里。

当时在盆地的中央位置建设官厅，将流过的河流看作鸭川，仿照京都的格局建成了街市。街道以大路、小路命名，与京都风格一致，还从京都奉迎了八坂神社和北野天满宫。

但是，进入江户时代后，长州藩的官厅移到日本海一侧的萩市，山口市一度萧条。直到幕府末期，权力中心才再次回到山口市。

山口市是一个宁静的旅游城市。身在其中，你完全感觉不到这是推动一个县发展的中心城市。在日本的首府所在地中，人口居倒数第三（2016年数据统计），仅比甲府市（山梨县）、鸟取市（鸟取县）略多。

山口县的重要数据和知名人士

山口县在日本名列第一的几个领域

领域	数值
饼干消费量（2012年）	5,104日元
糖果消费量（2012年）	2,842日元
制造业单一厂的生产额（2013年）	35.85亿日元

山口县出身的名人

政界：

　　伊藤博文（光市）

　　山县有朋（萩市）

　　岸信介（山口市）

佐藤荣作（田布施町）

平冈秀夫（岩国市）

榉屋敬悟（山口市）

商界：

鲇川义介（大内村），日产汽车创始人

久原房之助（萩市），日本能源公司创始人、日立制作所创立者

中山太一（滝部村），俱乐部化妆品公司创始人

藤田伝三郎（萩市），DOWA控股公司创始人

柳井正（宇部市），优衣库创始人

山田晁（宇部市），大金工业创始人

渡边祐策（宇部市），宇部兴产公司创始人

文化界：

奈良本辰也（周防大岛町），历史学家

宫本常一（周防大岛町），民俗学家

广中平祐（岩国市），数学家

日原野重明（山口市），医师

林忠彦（周南市），摄影师

伊集院静（防府市），作家

宇野千代（岩国市），作家

高树信子（防府市），作家

小池田玛雅（光市），漫画家

小坂俊史（下关市），漫画家

佐伯加代野（萩市），漫画家

坂本美雪（山口市），漫画家

鹿野景子（宇部市），漫画家

弘兼宪史（岩国市），漫画家

水野英子（下关市），漫画家

森园米露可（周南市），漫画家

斋藤光正（下关市），电影导演

贞光绅也（防府市），动画导演

久行宏和（周南市），动画制作人

金子美玲（长门市），诗人

种田山头火（防府市），俳句诗人

中原中也（山口市），诗人

星野哲郎（周防大岛町），作词家

石田道雄（周南市），诗人

演艺界：

西村知美（宇部市），演员

芳本美代子（宇部市），演员

山本让二（下关市），歌手

松村邦洋（田布施町），演员

原田大二郎（光市），演员

细川俊之（下关市），演员

藤三保子（宇部市），演员

川野太郎（山口市），演员

体育界：

宫崎敦次（下关市），千叶罗德海洋职业棒球队球员

岩本辉（防府市），阪神虎职业棒球队球员

上本达之（宇部市），埼玉西武狮职业棒球队球员

平田真吾（下关市），横滨海湾星职业棒球队球员

三轮正义（下关市），东京养乐多燕子职业棒球队球员

清水优心（周防大岛町），北海道日本火腿斗士职业棒球队球员

田中达也（周南市），新泻天鹅足球俱乐部球员

石川佳纯（山口市），乒乓球选手

山口县的风味美食

河豚料理

日语中河豚的发音与"不遇"(fugu)的发音相同,寓意不好,所以在下关改称"fuku",与"福"的发音相同。河豚有刺身、涮锅、杂炊、油炸等多种吃法。

因为时常有因食用河豚中毒丧命的人,16世纪末丰臣秀吉颁布了"河豚禁食令"。禁食令一直没有废除,直到明治时代。

1888年,因为伊藤博文到下关一家名为春帆楼的料理店进餐,导致河豚禁食令终于划上了休止符。

据说当天天气不好,海上风浪很大,渔船不能出海,所以没有新鲜的鱼可供烹饪。老板娘在明知有罪的情况下,不得已给伊藤博文做了河豚料理。伊藤博文对于河豚料理的味道赞不绝口,于是推动率先在山口县内废除禁食令,并取得了成功。

现在大多数行政区都规定,必须由持有专业资格证书的厨师才能制作河豚料理,所以大家尽可以放心地享用了。

天神鳢鱼（黑鱼）料理

山口县的鳢鱼产量在全国数一数二，其中防府市的产量居山口县首位，主要供应给关西地区。在防府市可以品尝到使用当地新鲜鳢鱼制作的全鱼宴，包括鱼子冻、刺身、蒲烧、涮锅、天妇罗、煎、蒸、以及寿司等做法。

鳢鱼料理味道好、价格实惠、营养价值高，是防府市夏季的代表食品。

"天神鳢鱼"得名于日本三天神之一位于防府市的天满宫（供奉菅原道真为学问之神）。

堂兄煮

在海带或香菇熬制的汤汁里加少许白砂糖和酱油，再放入煮好的小豆，烧开。然后晾凉，加鱼糕、糯米团、香菇就制成了堂兄煮。看着像是是加了鱼糕和香菇的小豆粥，不是很甜。

堂兄煮是祝贺的宴席上必不可少的料理，也是山口县境内的学校配餐。

名字比较牵强附会。因为加工过程中按不易煮到易煮的顺序依次将材料下锅，日语写为"追い追い煮る"，其中的"追い追い"演变成了"甥々（おいおい）"，再到"甥っ子と甥っ子"，最终变成了"いとこ煮（堂兄煮）"，完全就是一个文字游戏。

中国人不可错过的山口县景点

凌云寺遗迹

凌云寺是从周防国的普通官吏成长为武将,进而成长为战国大名的大内氏的第 30 代户主大内义兴创建的寺庙。位于山口市,现在仅存山门和围墙的遗迹。

当时依靠在日明贸易中获得的巨额商业利益,大内义兴才得以快速发展为战国大名。

1401 年至 1549 年,日本与明朝之间共有 19 次大规模贸易活动,当时两国约定只允许持有"勘合符"的人才能参与交易活动。

明代有强烈的中国思想,只承认朝贡贸易(周边各民族的国王向明朝皇帝进贡),但是只要表明了皇帝与臣下的关系(即明确了朝贡还是恩赐),为展示明朝的富有和皇帝的财力,往往从明朝得到的物品(即恩赐物品)比输出商品(即朝贡物品)价值高很多,有一种说法是利润可以达到 10 倍。当时得到这部分实惠的就是大内家。

因为有了通过贸易获取的财力，大内义兴将山口町修建得如同京都一样。

长府庭园

在长州藩下属的长府藩（包括今山阳小野田市、下关市、宇部市等地）的家臣西运长的住宅遗迹上修建的庭园。园内以小山为背景，面积大约三万平方米，是下关市第一个回游式日本庭园，于1993年建成。长府庭园以池塘为中心，建有书院、茶室、小河，可以尽享四季不同的风情。

其中令人瞩目的是，7月中旬至8月，盛开红色花朵的"孙文莲"。

孙文曾受到当地从事海运业的田中隆的支持，为表示感谢之情，孙文赠给他四粒中国出土的古代莲的种子。田中去世后，儿子委托研究莲花的博士大贺一郎进行培育。1962年，其中一粒种子发芽，于是被命名为"孙文莲"。1994年，开始在长府庭园栽种，至今每年还在开花。对于下关市民来说，是夏季的特有风景。

1995年，长府庭园的孙文莲分出一部分根，种在中国青岛市的中山公园，建成了中山公园孙文莲池。

与中国各省市有友好交往关系的行政区

山口县——山东省

1979年5月,中日友好协会会长访问山口县时,提议与山东省开展友好交流活动。山口县积极响应,两地间开始互访。数次互访之后,随着相互理解和信任的加深,1982年8月,双方签订了友好城市关系协议。

下关市——青岛市(山东省)

下关市自古以来就与中国有着各种联系,特别是水产、渔业。日中邦交正常化之前的1968年,曾就日中民间渔业协议的存续通过决议,1971年,还通过了恢复日中两国外交关系的决议。

日中邦交正常化实现后的1973年8月,下关市率先在市议会成立了日中友好促进议员联盟。形成了官民一体促进日中友好关系的局面。

1974年下关市开始派遣访华团，对于如此积极与中国开展友好交流的城市，中国方面给予了积极应对。1979年5月，作为访日代表团团长访问下关的廖承志（时任中日友好协会会长）提议，下关市与青岛市建立友好合作关系。1979年10月两市于签订了友好城市关系协议。

宇部市——威海市（山东省）

1982年山口县与山东省建立友好合作关系后，宇部市也积极参与了交流活动，接待了很多山东省的访问团。

1991年11月，威海市市长访问宇部市，就建立友好关系的具体事宜进行了协商，翌年的1992年3月，宇部市派遣考察团赴威海市，同年5月，双方签订了友好关系协议。

山口市——济南市（山东省）

1982年山口县与山东省建立友好合作关系后，首府所在地山口市与山东省省会所在地济南市之间建立友好城市关系的条件也渐趋成熟。同年10月，以山口市市长为团长的友好访华团到访济南市双方的关系进一步加深。1984年7月，山口市市长向济南市市长确认此事，翌年的1985年3月，济南市市长回复希望就具体事宜进行协商。此后双方的协商进展顺利，同年9月，签订了友好城市协议。

柳井市——章丘市（山东省）

1996年，应章丘市人民政府的邀请，柳井市市长及商工会所负责人访华，就建立友好合作关系交换了意见。之后，双方互访不断，1998年互派中学生，进一步加强了交流。2004年5月，双方正式签订了友好合作协议。

美祢市——枣庄市（山东省）

1991年，美祢市友好访华团访问了山东省济南市，济南市方面以"在产业发展和地下资源等方面与美祢市类似"为由推荐了同省的枣庄市。

1992年，美祢市接待了枣庄市的青少年访日团，并介绍中国青年到日本家庭寄宿，同年，还邀请枣庄市农牧业考察团参观并考察了山口县境内的畜牧业设施。在不断交流过程中，两市间建立友好关系的条件日益成熟，1993年5月，双方签订了友好城市协议。

2008年，美祢市与美东町、秋芳町合并，合并协议中规定，关于友好城市问题尊重过去的协议，在取得合作方同意后，新美祢市将继承过去的协议内容。2009年4月，枣庄市副市长应邀参加新美祢市诞生一周年的纪念仪式，双方重新签订了协议。